中等职业学校规划教材

物理习题集

曲梅丽 孙 静 主编

张 峰 主审

第二版

化学工业出版社

·北京·

内 容 简 介

《物理习题集》第二版是根据中等职业学校物理教学大纲的要求，充分考虑到物理教学的实际情况，在第一版的基础上修订而成的。

本书是中职《物理》（第三版）（书号：ISBN 978-7-122-40026-0）教材的配套用书。主要内容有与教材中各章节相对应的学习目标、练习题、自测题，并附有教材中的典型习题与复习题解答、习题集中部分练习题和自测题的参考答案。本书内容分为必作和选作，以"＊"号加以区别，以适应不同专业的需要。

本书可作为中职物理教材配套的学习用书，以及五年制高等职业院校和职业高级中学的物理训练教材。

图书在版编目（CIP）数据

物理习题集/曲梅丽，孙静主编．—2版．—北京：化学工业出版社，2022.1
中等职业学校规划教材
ISBN 978-7-122-40027-7

Ⅰ.①物… Ⅱ.①曲… ②孙… Ⅲ.①物理课-中等专业学校-习题集 Ⅳ.①G634.75

中国版本图书馆CIP数据核字（2021）第201548号

责任编辑：高　钰　　　　　　　　　　　　装帧设计：刘丽华
责任校对：杜杏然

出版发行：化学工业出版社（北京市东城区青年湖南街13号　邮政编码100011）
印　　装：北京建宏印刷有限公司
787mm×1092mm　1/16　印张8½　字数179千字　2022年1月北京第2版第1次印刷

购书咨询：010-64518888　　　　　　　　　售后服务：010-64518899
网　　址：http://www.cip.com.cn
凡购买本书，如有缺损质量问题，本社销售中心负责调换。

定　　价：28.00元　　　　　　　　　　　　　　　　　　版权所有　违者必究

前言

《物理习题集》（第一版）自 2008 年出版以来，得到了使用学校师生的普遍欢迎。但随着中等职业教育培养目标与教学模式的变化，加之学生物理水平的参差不齐，原有物理教材的部分内容需要调整与更新，与之配套使用的习题集也要相应修改。为此，编者在多年教学教改的基础上，总结了教学实践中的成果，并汲取了兄弟院校的宝贵经验，对第一版习题集进行了修订。本书编写时，主要突出了以下几点：

1. 每章都有学习目标，以帮助学生把握知识重点。

2. 根据物理学科自身的特点，设计了四种题型：判断题（用方括号）、填空题、选择题（用圆括号）、计算题，以帮助学生理解知识的内在联系，全面提高物理课的教学质量。

3. 对选学章节或较难的题目，用 * 号标出，以适应不同专业的需要。

4. 对《物理》（第三版）教材中的部分习题与复习题，做了详细解答。

本书由曲梅丽、孙静主编，赵辉、杨威、张伟华为副主编，张峰为主审，并聘请李克勇为顾问。参加编写的还有梅丽、齐建春、杨鸿、刘耀斌、边敦明等。

本书在编写过程中，得到了有关领导的大力支持，并参阅了同行的有关著作和教材，在此谨表敬意和感谢。

由于编者水平有限，书中不当之处在所难免，恳请广大读者提出宝贵意见。

编 者

2021 年 8 月

目录

第一章 直线运动 / 001

- 学习目标 ·············· 001
- 练习题 ··············· 001
  - 第一节 机械运动 质点 ········ 001
  - 第二节 位移和路程 ········· 001
  - 第三节 匀速直线运动 ········ 002
  - 第四节 变速直线运动 平均速度 瞬时速度 ············ 002
  - 第五节 匀变速直线运动 加速度 ············· 003
  - 第六节 匀变速直线运动的速度 ············· 004
  - 第七节 匀变速直线运动的位移 ············· 004
  - 第八节 自由落体运动 重力加速度 ············· 005
- 自测题 ··············· 006
- 教材典型习题解答 ········· 008
- 教材复习题解答 ·········· 011

第二章 力 / 014

- 学习目标 ·············· 014
- 练习题 ··············· 014
  - 第一节 力的概念 ·········· 014
  - 第二节 重力 弹力 ········· 014
  - 第三节 摩擦力 ··········· 015
  - 第四节 力的合成 ·········· 015
  - 第五节 力的分解 ·········· 016
  - 第六节 物体的受力分析 ······· 016
  - 第七节 共点力作用下物体的平衡 ············· 016
  - *第八节 有固定转轴的物体的平衡 ············· 017
- 自测题 ··············· 017
- 教材典型习题解答 ········· 019
- 教材复习题解答 ·········· 022

第三章 牛顿运动定律 / 025

- 学习目标 ·············· 025
- 练习题 ··············· 025
  - 第一节 牛顿第一定律 ······· 025
  - 第二节 牛顿第二定律 ······· 026
  - 第三节 牛顿第三定律 ······· 027
  - 第四节 牛顿运动定律的应用 ··· 027
  - *第五节 牛顿运动定律的适用范围 ············· 029
  - *第六节 匀速圆周运动 ······ 029
  - *第七节 万有引力定律 ······ 030
- 自测题 ··············· 031
- 教材典型习题解答 ········· 033
- 教材复习题解答 ·········· 036

第四章　功和能 / 039

学习目标	039	第四节　势能	042
练习题	039	第五节　机械能守恒定律	042
第一节　功	039	自测题	043
第二节　功率	040	教材典型习题解答	045
第三节　动能　动能定理	041	教材复习题解答	047

* 第五章　机械振动与机械波 / 049

学习目标	049	第四节　机械波	051
练习题	049	第五节　频率　波长　波速	051
第一节　简谐振动	049	自测题	051
第二节　单摆的振动	050	教材典型习题解答	053
第三节　受迫振动　共振	050	教材复习题解答	053

第六章　静电场 / 056

学习目标	056	第五节　匀强电场中电势差和场强的关系	058
练习题	056	*第六节　静电场中的导体	059
第一节　电荷　电荷守恒定律	056	第七节　电容器　电容	059
第二节　库仑定律	056	自测题	060
第三节　电场　电场强度　电场线	057	教材典型习题解答	062
第四节　电势　电势差	058	教材复习题解答	064

第七章　恒定电流 / 067

学习目标	067	第五节　闭合电路欧姆定律	070
练习题	067	*第六节　相同电池的连接	072
第一节　电流	067	自测题	073
第二节　欧姆定律　电阻定律	068	教材典型习题解答	075
第三节　电阻的连接	068	教材复习题解答	078
第四节　电功　电功率	069		

第八章　磁场 / 082

学习目标	082	定则	082
练习题	082	第三节　磁感应强度　磁通量	083
第一节　磁场　磁感应线	082	第四节　磁场对通电直导线的作用力	084
第二节　电流的磁场　安培			

第五节　磁场对运动电荷的
　　　　作用力 ………………… 084
自测题 ……………………………… 085
教材典型习题解答 ………………… 087
教材复习题解答 …………………… 089

第九章　电磁感应 / 092

学习目标 …………………………… 092
练习题 ……………………………… 092
　第一节　电磁感应现象 ………… 092
　第二节　楞次定律 ……………… 093
　第三节　法拉第电磁感应定律 …… 093
　第四节　互感　感应圈 ………… 094
　第五节　自感 …………………… 094
自测题 ……………………………… 095
教材典型习题解答 ………………… 097
教材复习题解答 …………………… 099

第十章　交流电 / 102

学习目标 …………………………… 102
练习题 ……………………………… 102
　第一节　交流发电机的原理 …… 102
　第二节　表征交流电的物理量 …… 103
　第三节　变压器 ………………… 103
自测题 ……………………………… 104
教材典型习题解答 ………………… 106
教材复习题解答 …………………… 107

第十一章　分子动理论　热和功 / 109

学习目标 …………………………… 109
练习题 ……………………………… 109
　第一节　分子动理论 …………… 109
　第二节　物体的内能　热和功 …… 109
　第三节　热力学第一定律　能量
　　　　守恒定律 ………………… 110
　第四节　热机　制冷机 ………… 110
自测题 ……………………………… 111
教材典型习题解答 ………………… 112
教材复习题解答 …………………… 112

*第十二章　气体的性质 / 114

学习目标 …………………………… 114
练习题 ……………………………… 114
　第一节　气体的状态参量 ……… 114
　第二节　气体的三个实验定律 …… 114
　第三节　理想气体状态方程 …… 115
自测题 ……………………………… 115
教材典型习题解答 ………………… 117
教材复习题解答 …………………… 118

练习题和自测题参考答案 / 120

参考文献 / 127

第一章 直线运动

学习目标

1. 了解运动的相对性和参考系的概念。
2. 理解质点的概念,并了解"物理模型"的概念。掌握矢量和标量的概念。
3. 掌握路程、位移、时间、时刻、速度、速率、平均速度、瞬时速度、加速度的物理意义。
4. 掌握同方向的匀变速直线运动的规律。掌握自由落体运动的规律。
5. 了解匀速直线运动的速度图像和匀变速直线运动的速度图像以及它们的物理意义。

练 习 题

第一节 机械运动 质点

1. 平动的物体都可以看成质点。[ ]
2. 研究物体的转动时,也可以把物体看成质点。[ ]
3. 我们说"月亮在云中穿行",是取_____作参考系的。
4. 我们说"旭日东升",是取_____作参考系的。
5. 坐在前进的火车里的乘客,看到窗外的树木向后运动,乘客是取_____作参考系的。
6. 下列做各种运动的物体,能被视为质点的是( )
   A. 做花样滑冰的运动员   B. 运动中的人造卫星
   C. 转动着的砂轮   D. 做跳水动作的跳板运动员

第二节 位移和路程

1. 位移是矢量,位移的方向即质点运动的方向。[ ]
2. 路程是标量,即位移的大小。[ ]
3. 质点做直线运动时,路程等于位移的大小。[ ]

4. 在同方向的直线运动中，位移的大小一定等于路程。[　　]

5. 物体做曲线运动时，位移大小小于路程。[　　]

6. 一个人从某地开始，向东走了 10m，掉回头又向西走了 15m，从出发点算起，他的位移大小是_____ m，位移的方向_____，他通过的路程是_____。

7. 一个人沿半径为 5m 的圆周运动了 5 圈回到原地，他的位移大小是_____，路程是_____。

8. 下列说法指的是时间还是时刻？

(1) "2s 内"是指时_____；　　(2) "第 2s 内"是指时_____；
(3) "第 2s 末"是指时_____；　　(4) "第 3s 初"是指时_____。

9. 关于时刻和时间，下列说法正确的是（　　）

A. 时刻表示时间较短，时间表示时间较长

B. 时刻对应物体的位置，时间对应物体的位移

C. 列车表上的数字均表示时间　　D. 1min 只能分成 60 个时刻

第三节　匀速直线运动

1. 由 $v=\dfrac{s}{t}$ 知，匀速直线运动的速度与位移成正比，与运动时间成反比。[　　]

2. 匀速直线运动中，物体运动的方向和快慢都不发生变化。[　　]

3. 由 $s=vt$ 知，匀速直线运动的位移与运动时间成正比。[　　]

4. 匀速直线运动的速度不但有大小，而且有_____，是_____量，它的方向与_____的方向相同，即物体的_____方向。

5. 36km/h＝_____ m/s；15m/s＝_____ km/h。

6. 一列火车做匀速直线运动，它在 10min 内通过的位移是 9.0km，其速度为_____ m/s，它在 20min 内通过的位移是_____ m。

第四节　变速直线运动　平均速度　瞬时速度

1. 在变速直线运动中，平均速度与在哪一段时间内计算平均速度有关，而瞬时速度则与计算瞬时速度的时刻有关。[　　]

2. 瞬时速度描述的是物体在某段时间内的运动快慢和方向。[　　]

3. 物体做直线运动，如果瞬时速度不断变化，这个运动就是变速直线运动。[　　]

4. 在匀速直线运动中，每一时刻的瞬时速度都相等，并且与各段时间内的平均速度相等。[　　]

5. 一辆汽车沿上坡路行驶，在第一秒内运动了 8.0m，在第二秒内运动了 4.0m，在第三秒内运动了 1.0m，则它在前两秒内的平均速度为_____ m/s，它在前三秒内的平均速度为_____ m/s。

6. 做变速直线运动的物体，先以 5m/s 的速度运动了 2s，后又以 4m/s 的速度运动了

8s，物体在 10s 内的平均速度为_____ m/s。

7. 在下列说法中，指瞬时速度的是_____，指平均速度的是_____。

(1) 子弹出枪口时的速度是 $8.0×10^2$ m/s；

(2) 物体落地时的速度是 19.6m/s；

(3) 火车启动后 8.0s 末的速度是 2.0m/s；

(4) 一个人在某段位移内骑自行车的速度是 4.5m/s；

(5) 汽车在 5min 内的速度是 10m/s。

第五节　匀变速直线运动　加速度

1. 速度的变化量大，加速度一定大。[　　]

2. 速度增加越快，加速度越大。[　　]

3. 加速度为零，速度可以不为零。[　　]

4. 匀加速直线运动中，加速度的方向与速度方向_____；匀减速直线运动中，加速度的方向与速度方向_____。

5. 加速度的单位是"m/s^2"，读作_____。

6. 在直线运动中，取速度方向为正方向，加速度 a 为正的常量时，物体做_____运动；a 为负的常量时，物体做_____运动；a 为零时，物体做_____运动。

7. 关于加速度，下列说法正确的是（　　）

A. 加速度就是速度的增加　　B. 加速度是描述速度变化快慢的量

C. 加速度是描述运动快慢的量　　D. 加速度是描述速度变化量大小的量

8. 物体的加速度为零，说明物体的（　　）

A. 速度一定为零　　B. 速度一定很大　　C. 速度一定不变　　D. 都不正确

9. 下列各组物理量中，全部是矢量的是（　　）

A. 位移、速度、平均速度　　B. 速度、时间、平均速度

C. 位移、速率、加速度　　D. 速度、加速度、路程

10. 汽车从静止开始做匀加速直线运动，在 10s 内速度增加到 15m/s，然后做匀速直线运动，行驶 10min 后紧急刹车，在 2.0s 内停下来。问汽车在这三段时间内的加速度各是多少？

第六节　匀变速直线运动的速度

1. 匀速直线运动中，速度_____；匀加速直线运动中，速度均匀_____；匀减速直线运动中，速度均匀_____。（填增加、减小、不变）

2. 在图 1-1 中，(1)、(2)、(3)、(4) 分别是不同运动的 v-t 图像，与图像对应的运动分别为

(1) 是_____运动；　　(2) 是初速度_____运动；

(3) 是初速度_____运动；(4) 是_____运动。

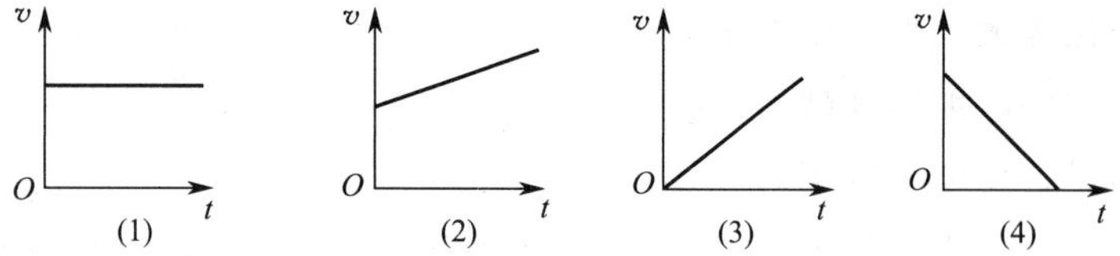

图 1-1

3. 质点沿直线运动，相继 4s 的末速度分别是 2m/s、3m/s、4m/s、8m/s，质点的运动是（　　）

A. 匀速直线运动　　B. 匀加速直线运动　　C. 匀减速直线运动　　D. 变速直线运动

4. 火车过桥时需要提前减速。一列火车以 72km/h 的速度行驶，在到达铁桥前 50s 开始减速，做匀减速直线运动，加速度大小是 0.10m/s^2。火车到达铁桥时的速度是多少？

5. 汽车从车站出发做匀加速直线运动，加速度是 0.50m/s^2，求加速 10s 时汽车的速度。

第七节　匀变速直线运动的位移

1. 求平均速度的公式 $\bar{v} = \dfrac{v_0 + v_t}{2}$ 只适用于_____运动。

2. 在匀变速直线运动中，物理量 v_0、v_t、a、t、s，是矢量的有_____，是标量的有_____。

3. 汽车在坡顶的速度是 10m/s，以 2m/s^2 的加速度下坡，行驶 4.0s 到达坡底，坡长是_____m。

4. 汽车以 10m/s 的初速度行驶，刹车时做匀减速直线运动，加速度的大小是 10m/s²，从刹车到停止，前进的距离是_____ m。

5. 从静止开始做匀加速直线运动的物体，第 1.0s 内的位移是 1.0m，第 1.0s 末的速度是_____ m/s，第 2.0s 内的平均速度是_____ m/s。

6. 做匀减速直线运动的物体，在它的速度减小到零以前，（　　）
A. 速度和位移都随时间减小　　　　B. 速度随时间增加，位移随时间减小
C. 速度随时间减小，位移随时间增加　　D. 速度和位移都随时间增加

7. 骑自行车的人原来的速度是 3.0m/s，下坡时做匀加速直线运动，通过 50m 行驶的坡路后速度达到 5.0m/s，求下坡时加速度的大小和下坡所用的时间。

第八节　自由落体运动　重力加速度

1. 物体只在_____ 作用下，从_____ 开始下落的运动称为自由落体运动。

2. 自由落体运动是初速度为_____ 的_____ 直线运动。

3. 自由落体在 0.5s 和 2.0s 内下落的距离分别是_____ m、_____ m；在 0.5s 末和 2.0s 末的速度分别是_____ m/s、_____ m/s。（g 取 10m/s²）

4. 在同一地点的自由落体运动中，下面说法正确的是（　　）
A. 重的物体的加速度值比轻的物体的加速度值大　　B. 重的物体比轻的物体下落得快
C. 大的物体比小的物体下落得快　　D. 物体无论大小或轻重，下落的加速度相同

*5. 物体从高处自由落下，1.0s 内下落全程的一半，则通过全程的时间是（　　）
A. 2.0s　　B. $\sqrt{2}$ s　　C. 4.0s　　D. $\frac{\sqrt{2}}{2}$ s

6. 一个物体从 78.4m 高处落下，到达地面时的速度是多大？落到地面用多长时间？

*7. 一小球从塔顶自由落下，在它下落的最后 1.0s 内通过的位移是 35m，求塔高。（g 取 10m/s^2）

自 测 题

一、判断题

1. 只有体积很小的物体才可以看作质点。[ ]
2. 出租汽车是按路程收费的。[ ]
3. 作息时间表上的数字均表示时刻。[ ]
4. 物体有加速度，速度就增加。[ ]
5. 从空中下落的羽毛可以看作自由落体运动。[ ]

二、填空题

1. 参加万米长跑的运动员_____视为质点，他做健美操时_____看成质点。（填"能"或"不能"）
2. 位移可以用由_____位置到_____位置的有向线段来表示。
3. 一个人从某处出发，向北行 300m，再折回来向南行 200m，从出发点算起，他运动的路程是_____m，位移大小是_____m，位移的方向_____。
4. 一物体从静止开始做匀加速直线运动，第 1s 内的位移是 2m，则它的加速度是_____ m/s^2，第 1s 末的速度是_____ m/s。
5. 甲、乙两物体做自由落体运动，已知甲距地面的高度是乙距地面高度的 $\dfrac{1}{2}$ 倍，则甲物体下落的时间是乙物体下落的时间的_____倍。

三、选择题

1. 关于位移和路程，下列说法正确的是（   ）

   A. 物体沿直线向某一方向运动，通过的路程就是位移

   B. 物体沿直线向某一方向运动，通过的路程等于位移的大小

   C. 物体通过一段路程，其位移不可能为零

D. 物体通过的路程不等，其位移就一定不相同

2. 某运动员在 100m 赛跑中，7s 末的速度大小是 9.0m/s，10s 末到达终点时的速度大小是 10.2m/s，则此运动员在这 100m 赛跑中平均速度的大小是（　　）

A. 9.0m/s　　B. 9.6m/s　　C. 10m/s　　D. 10.2m/s

3. 下列关于匀变速直线运动的说法中，正确的是（　　）

A. 匀变速直线运动是运动快慢相同的运动

B. 匀变速直线运动是速度变化量相同的运动

C. 匀变速直线运动的图像是一条倾斜的直线

D. 匀变速直线运动的 v-t 图像是一条倾斜的直线

4. 物体做匀减速直线运动时（运动方向不变），下面结论正确的是（　　）

A. 加速度越来越小　　　　B. 加速度的方向与物体的运动方向相同

C. 位移随时间减小　　　　D. 速率随时间均匀减小

5. 物体做自由落体运动时，下列说法中正确的是（　　）

A. 物体开始下落时，速度为零，加速度也为零

B. 物体下落过程中，速度增大，加速度保持不变

C. 物体下落过程中，速度和加速度同时增大

D. 物体下落过程中，速度的变化量是个恒量

四、计算题

美国"肯尼迪"号航空母舰上装有帮助飞机起飞的弹射系统。已知"F-5"型战斗机在跑道上加速时，产生的最大加速度为 5.0m/s^2，起飞的最小速度是 50m/s，弹射系统能够使飞机所具有的最大速度为 30m/s，问：

(1) 飞机起飞时，在跑道上至少加速多长时间才能起飞？

(2) 航空母舰的跑道至少应该多长？

教材典型习题解答

1-4-3 骑自行车的人沿斜坡直线下行,第一秒内的位移是1.0m;第二秒内的位移是2.0m;第三秒内的位移是3.0m。求最初2s和最后2s内的平均速度。

已知 $t_1 = 1\text{s}$,$s_1 = 1.0\text{m}$,$t_2 = 1\text{s}$,$s_2 = 2.0\text{m}$,$t_3 = 1\text{s}$,$s_3 = 3.0\text{m}$。

求 $\overline{v_{12}}$,$\overline{v_{23}}$。

解 由 $\overline{v} = \dfrac{s}{t}$ 得

$$\overline{v_{12}} = \frac{s_1 + s_2}{t_1 + t_2} = \frac{1.0 + 2.0}{1 + 1} = 1.5 \ (\text{m/s})$$

$$\overline{v_{23}} = \frac{s_2 + s_3}{t_2 + t_3} = \frac{2.0 + 3.0}{1 + 1} = 2.5 \ (\text{m/s})$$

答:在最初2s和最后2s内的平均速度分别是1.5m/s和2.5m/s。

1-4-4 火车沿平直轨道以60km/h的速度行驶0.52h,然后以30km/h的速度行驶0.24h,又在某站停了0.04h,最后用70km/h的速度行驶0.20h。求火车在整个运动过程中的平均速度。

已知 $v_1 = 60\text{km/h}$,$t_1 = 0.52\text{h}$,$v_2 = 30\text{km/h}$,$t_2 = 0.24\text{h}$,$v_3 = 0$,$t_3 = 0.04\text{h}$,$v_4 = 70\text{km/h}$,$t_4 = 0.20\text{h}$。

求 $\overline{v}$。

解 由 $s = vt$ 和 $\overline{v} = \dfrac{s}{t}$ 得

$$\overline{v} = \frac{s_1 + s_2 + s_3 + s_4}{t_1 + t_2 + t_3 + t_4} = \frac{v_1 t_1 + v_2 t_2 + v_3 t_3 + v_4 t_4}{t_1 + t_2 + t_3 + t_4}$$

$$= \frac{60 \times 0.52 + 30 \times 0.24 + 0 \times 0.04 + 70 \times 0.20}{0.52 + 0.24 + 0.04 + 0.20} = 52.4 \ (\text{km/h})$$

答:火车在整个运动过程中的平均速度为52.4km/h。

1-5-2 速度为24m/s的汽车,刹车后经15s停止,求汽车的加速度。

已知 $v_0 = 24\text{m/s}$,$t = 15\text{s}$,$v_t = 0$。

求 a。

解 由 $a = \dfrac{v_t - v_0}{t}$ 得

$$a = \frac{0 - 24}{15} = -1.6 \ (\text{m/s}^2)$$

答:汽车的加速度大小为1.6m/s²,加速度的方向与汽车速度方向相反。

1-5-3 做匀加速直线运动的火车,在50s内,速度从36km/h增加到54km/h,求火车的加速度。

已知　$t=50\text{s}$，$v_0=36\text{km/h}=10\text{m/s}$，$v_t=54\text{km/h}=15\text{m/s}$。

求　a。

解　由 $a=\dfrac{v_t-v_0}{t}$ 得

$$a=\dfrac{15-10}{50}=0.10 \text{（m/s}^2\text{）}$$

答：火车的加速度大小为 0.10m/s^2，加速度的方向与火车速度方向相同。

1-6-1　某飞机起飞前，在跑道上加速滑行，加速度是 4.0m/s^2，滑行 20s 达到起飞速度，问飞机起飞速度多大？

已知　$a=4.0\text{m/s}^2$，$t=20\text{s}$，$v_0=0$。

求　v_t。

解　由 $v_t=v_0+at$ 得

$$v_t=0+4.0\times 20=80 \text{（m/s）}$$

答：飞机起飞速度为 80m/s。

1-6-3　汽车紧急刹车时，加速度的大小是 8.0m/s^2，如果刹车后在 2.0s 内停下来，问汽车刹车前的速度是多少？

已知　$a=-8.0\text{m/s}^2$，$t=2.0\text{s}$，$v_t=0$。

求　v_0。

解　由 $v_t=v_0+at$ 得

$$v_0=v_t-at=0-(-8.0)\times 2.0=16 \text{（m/s）}$$

答：汽车刹车前的速度是 16m/s。

1-7-3　汽车紧急刹车后，加速度的大小是 6.0m/s^2，如果要求在 2.0s 内停下来，问汽车行驶的最大速度不能超过多少 km/h？刹车后汽车滑行多远？

已知　$a=-6.0\text{m/s}^2$，$t=2.0\text{s}$，$v_t=0$。

求　v_0，s。

解　由 $v_t=v_0+at$ 得

$$v_0=v_t-at=0-(-6.0)\times 2.0=12 \text{（m/s）}=43.2 \text{（km/h）}$$

由 $v_t^2-v_0^2=2as$ 得

$$s=\dfrac{v_t^2-v_0^2}{2a}=\dfrac{0^2-12^2}{2\times(-6.0)}=12 \text{（m）}$$

答：汽车行驶的最大速度不能超过 43.2km/h，刹车后汽车滑行了 12m。

1-7-4　一个滑雪者，从 85m 长的山坡上匀加速滑下，初速度是 1.8m/s，末速度是 5.0m/s，问通过这段山坡要多少时间？

已知　$s=85\text{m}$，$v_0=1.8\text{m/s}$，$v_t=5.0\text{m/s}$。

求　t。

解　[方法一] 由 $v_t^2-v_0^2=2as$ 得

$$a = \frac{v_t^2 - v_0^2}{2s} = \frac{5.0^2 - 1.8^2}{2 \times 85} = 0.128 \text{ (m/s}^2\text{)}$$

由 $v_t = v_0 + at$ 得

$$t = \frac{v_t - v_0}{a} = \frac{5.0 - 1.8}{0.128} = 25 \text{ (s)}$$

[方法二] 由 $\bar{v} = \frac{v_0 + v_t}{2}$ 得

$$\bar{v} = \frac{1.8 + 5.0}{2} = 3.4 \text{ (m/s)}$$

由 $\bar{v} = \frac{s}{t}$ 得

$$t = \frac{s}{\bar{v}} = \frac{85}{3.4} = 25 \text{ (s)}$$

答：滑雪者通过这段山坡需要25s。

1-7-5 火车以15m/s的速度前进，到站前做匀减速直线运动，经过2min停止，求它从开始减速到停止这段时间内的位移和加速度。

已知　$v_0 = 15$m/s，$t = 2$min $= 120$s，$v_t = 0$。

求　s，a。

解　由 $\bar{v} = \frac{v_0 + v_t}{2}$ 得

$$\bar{v} = \frac{15 + 0}{2} = 7.5 \text{ (m/s)}$$

由 $\bar{v} = \frac{s}{t}$ 得

$$s = \bar{v}t = 7.5 \times 120 = 900 \text{ (m)}$$

由 $a = \frac{v_t - v_0}{t}$ 得

$$a = \frac{0 - 15}{120} = -0.125 \text{ (m/s}^2\text{)}$$

答：火车从开始减速到停止这段时间内的位移是900m，加速度大小为0.125m/s²，加速度方向与火车的速度方向相反。

1-8-3 一个自由下落的物体到达地面时的速度是49m/s，求这个物体开始下落处距地面的高度和落到地面用的时间。

已知　$v_t = 49$m/s，$g = 9.8$m/s²。

求　h，t。

解　由 $v_t^2 = 2gh$ 得

$$h = \frac{v_t^2}{2g} = \frac{49^2}{2 \times 9.8} = 122.5 \text{ (m)}$$

由 $v_t = gt$ 得

$$t = \frac{v_t}{g} = \frac{49}{9.8} = 5.0 \text{ (s)}$$

答：物体开始下落处距地面的高度为122.5m，它落到地面所需时间为5.0s。

1-8-4 一个自由下落的物体，经过某点时的速度是 9.8m/s，经过另一点时的速度是 39.2m/s，求这两点间的距离和经过这段距离所用的时间。

已知 $v_0 = 9.8\text{m/s}$，$v_t = 39.2\text{m/s}$，$a = g = 9.8\text{m/s}^2$。

求 s，t。

解 由 $v_t^2 - v_0^2 = 2as$ 得

$$s = \frac{v_t^2 - v_0^2}{2a} = \frac{39.2^2 - 9.8^2}{2 \times 9.8} = 73.5 \text{（m）}$$

由 $v_t = v_0 + at$ 得

$$t = \frac{v_t - v_0}{a} = \frac{39.2 - 9.8}{9.8} = 3.0 \text{（s）}$$

答：这两点间的距离为 73.5m，物体经过这段距离所用的时间为 3.0s。

教材复习题解答

一、判断题

1. 只有质量很小的物体才可以看作质点。（×）
2. 直线运动中的位移大小等于路程。（×）
3. 匀速直线运动的平均速度和瞬时速度相等。（√）
4. 速度越大，物体的加速度也一定大。（×）
5. 只在重力作用下的运动是自由落体运动。（×）

二、选择题

1. 关于质点，下列说法中正确的是（D）
   A. 质量很小的物体一定可以看作质点
   B. 体积很小的物体一定可以看作质点
   C. 质量和体积都很小的物体一定可以看作质点
   D. 质量和体积都很大的物体有时也可以看作质点

2. 关于加速度，下列说法中正确的是（D）
   A. 加速度是矢量，加速度的方向和速度的方向相同
   B. 加速度是矢量，加速度的方向和速度的方向相反
   C. 速度的变化量越大，加速度越大
   D. 速度的变化率越大，加速度越大

3. 关于物体做直线运动，下列说法中正确的是（C）
   A. 运动物体在某时刻的速度为零时，其加速度一定为零
   B. 运动物体的加速度为零时，其速度一定为零
   C. 物体运动的加速度越来越小，表示速度的变化越来越慢
   D. 当加速度的方向跟物体运动速度的方向相同时，速度越来越小

4. 一个质点做直线运动，加速度方向与运动方向相同，但加速度逐渐减小，则（A）
   A. 速度逐渐增大，直到加速度等于零为止
   B. 位移逐渐增大，直到加速度等于零为止
   C. 速度逐渐减小，直到加速度等于零为止
   D. 位移逐渐增大，直到速度等于零为止

5. 轻、重不同的物体从同一高度做自由落体运动，则（B）

A. 轻的物体先落地 B. 轻、重两物体同时落地
C. 重的物体先落地 D. 无法确定

三、填空题

1. 某运动员绕半径为 50m 的圆形跑道跑步，跑了 10 圈整，总共用时间 10min，运动员通过的路程是 <u>1000π m</u>，位移是 <u>0 m</u>；他跑步的平均速度是 <u>0 m/s</u>。

2. 匀速直线运动的加速度大小是 <u>0</u>；匀加速直线运动的加速度方向与速度方向<u>相同</u>；自由落体运动的加速度大小是 <u>9.8m/s^2</u>，方向<u>竖直向下</u>。

3. 图 1-2 所示为 A、B 两物体在同一直线上，同时由同一位置向同一方向运动的速度图像。根据速度图像回答下列问题：

（1）A 物体做<u>匀速直线</u>运动，B 物体做<u>初速度等于零的匀加速直线</u>运动；

（2）A、B 两物体经过 <u>20</u>s 运动速度相等；

（3）A、B 两物体运动的加速度大小分别为 <u>0</u>、<u>0.25m/s^2</u>；

（4）经过 40s，A 物体运动的位移为 <u>200m</u>，B 物体运动的位移为 <u>200m</u>，两物体之间的距离为 <u>0</u>。

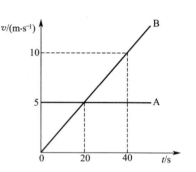

图 1-2

四、计算题

1. 矿井里的升降机由静止开始匀加速直线上升，经过 3.0s 速度达到 3.0m/s，然后以此速度匀速上升 6.0s，最后 2.0s 匀减速上升，到达井口时刚好停止。求矿井的深度，并绘出升降机运动的 v-t 图像。

已知 $v_0=0$，$t_1=3s$，$v_{t_1}=v_{t_2}=3.0$m/s，$t_2=6.0$s，$t_3=2.0$s，$v_{t_3}=0$。

求 h。

解 ［方法一］

由 $\bar{v}=\dfrac{v_0+v_t}{2}$，$\bar{v}=\dfrac{s}{t}$ 得

$$h_1=\bar{v}_1 t_1=\dfrac{0+3}{2}\times 3.0=4.5\text{（m）}$$

$$h_2=v_{t_2}t_2=3\times 6.0=18.0\text{（m）}$$

$$h_3=\bar{v}_3 t_3=\dfrac{3+0}{2}\times 2.0=3.0\text{（m）}$$

所以矿井的深度

$$h=h_1+h_2+h_3=4.5+18.0+3.0=25.5\text{（m）}$$

［方法二］

由题意知：$t_0=0$，$v_0=0$；$t_1=3.0$s，$v_{t_1}=3.0$m/s；$t_2=3.0+6.0=9.0$s，$v_{t_2}=3.0$m/s；$t_3=3.0+6.0+2.0=11.0$s，$v_{t_3}=0$。因此可列出下表：

t/s	0	3.0	9.0	11.0
v/m·s^{-1}	0	3.0	3.0	0

建立直角坐标系，描点，连线，即可得到升降机运动的 v-t 图像，如图 1-3 所示。

因为位移大小在数值上等于 v-t 图像与时间轴所围成图形的面积，所以矿井的深度在

数值上等于梯形的面积,即
$$h=\frac{(9.0-3.0)+11.0}{2}\times 3.0=25.5 \text{ (m)}$$
答:矿井的深度为25.5m。

2. 火车以5m/s的初速度在平直的铁轨上做匀加速直线运动,行驶500m时,速度增加到15m/s,求火车加速的时间和火车运动的加速度。

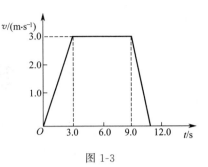

图1-3

已知 $v_0=5\text{m/s}$, $s=500\text{m}$, $v_t=15\text{m/s}$。

求 t, a。

解 [方法一]

由 $\bar{v}=\dfrac{v_0+v_t}{2}$ 得

$$\bar{v}=\frac{5+15}{2}=10 \text{ (m/s)}$$

由 $\bar{v}=\dfrac{s}{t}$ 得

$$t=\frac{s}{\bar{v}}=\frac{500}{10}=50 \text{ (s)}$$

由 $a=\dfrac{v_t-v_0}{t}$ 得

$$a=\frac{15-5}{50}=0.2 \text{ (m/s}^2\text{)}$$

[方法二]

由 $v_t^2-v_0^2=2as$ 得

$$a=\frac{v_t^2-v_0^2}{2s}=\frac{15^2-5^2}{2\times 500}=0.2 \text{ (m/s}^2\text{)}$$

由 $a=\dfrac{v_t-v_0}{t}$ 得

$$t=\frac{v_t-v_0}{a}=\frac{15-5}{0.2}=50 \text{ (s)}$$

答:火车加速的时间为50s,火车运动的加速度为0.2m/s²。

3. 物体做自由落体运动,经过A、B两点的速度分别是20m/s和50m/s,则A、B两点间的距离为多少?(g取10m/s²)

已知 $v_0=20\text{m/s}$, $v_t=50\text{m/s}$, $g=10\text{m/s}^2$。

求 s。

解 由 $v_t^2-v_0^2=2as$ 得

$$s=\frac{v_t^2-v_0^2}{2a}=\frac{50^2-20^2}{2\times 10}=105 \text{ (m)}$$

答:A、B两点间的距离为105m。

第二章 力

学习目标

1. 掌握力的概念和力的矢量性。
2. 掌握重力、弹力、摩擦力的特性,掌握胡克定律。
3. 掌握力的合成的平行四边形法则,并能运用作图法求两个以上共点力的合力。
4. 掌握力的分解,能运用平行四边形法则求在给定条件下一个力的两个分力。
5. 掌握对物体进行受力分析的方法,能正确地画出物体的受力图。
6. 理解物体平衡的概念,掌握共点力的平衡条件,并能用来解决有关平衡的问题。
*7. 了解力矩的概念,掌握有固定转轴的物体的平衡条件,并能用来解决简单的力矩平衡问题。

练 习 题

第一节 力 的 概 念

1. 力的作用效果只跟力的大小和力的方向有关。[ ]
2. 可以只存在受力物体而不存在施力物体。[ ]
3. 力的三要素是力的_____、_____、_____。
4. 在力的图示中,箭头表示力的_____,线段的长短表示力的_____。
5. 在图 2-1 中,作用在小车上的是_____力(推、拉),此力的大小为_____N。

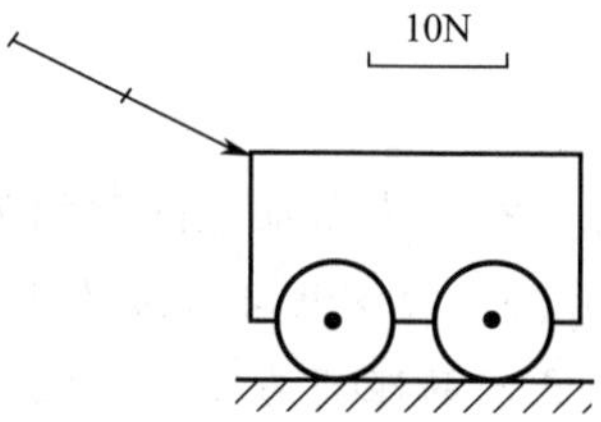

图 2-1

第二节 重力 弹力

1. 物体只有静止时才受重力作用。[ ]
2. 质量分布均匀、形状规则的物体的重心在其几何中心上。[ ]
3. 若两个物体互相接触,它们之间一定有弹力作用。[ ]

4. 物体受到弹力作用时，必定与施力物体直接接触。[　　]

5. 在直接接触而又发生弹性形变的物体间能发生弹力作用。[　　]

6. 一个放在桌面上的质量为 m 的物体，受到_____力和_____力的作用。这两个力的施力物体分别是_____和_____。

7. 弹簧上端固定，下端挂 10N 的重物，弹簧伸长 2.0cm，则它的劲度系数为_____N/m，若下端挂 50N 的重物，弹簧伸长_____cm。（设仍在弹性限度内）

8. 画出图 2-2 中的均匀物体 A 受到的重力和弹力。

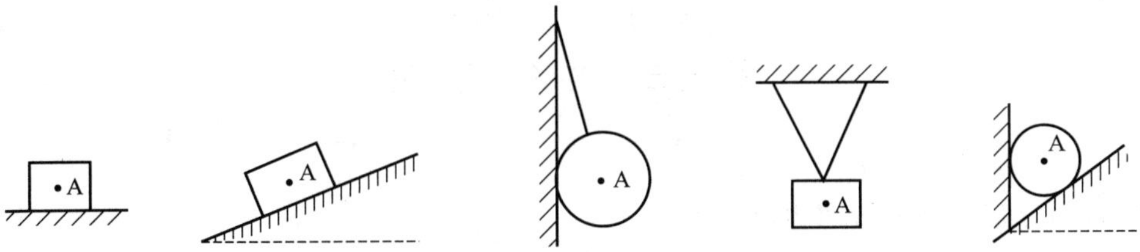

图 2-2

第三节　摩　擦　力

1. 摩擦力产生在两个物体的接触面上。[　　]

2. 滑动摩擦力越大，动摩擦因数一定越大。[　　]

3. 压力越大，滑动摩擦力越大。[　　]

4. 两种材料间的动摩擦因数跟滑动摩擦力成正比，跟正压力成反比。[　　]

5. 动摩擦因数是表征接触面情况的物理量，跟接触面的材料和粗糙程度有关，跟滑动摩擦力和正压力无关。[　　]

6. 如图 2-3 所示，物体重 10N，它与桌面间的动摩擦因数为 0.35，最大静摩擦力为 4.0N，若水平拉力 F

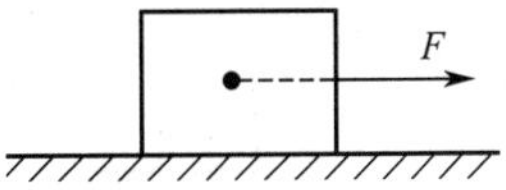

(1) 为 3.0N 时，物体和桌面间的摩擦力为_____N。

(2) 为 5.0N 时，物体和桌面间的摩擦力为_____N。

图 2-3

第四节　力的合成

1. 合力可以小于某一个分力。[　　]

2. 两个共点力的合力不会小于两分力之差。[　　]

3. 大小一定的两个共点力间的夹角增大，合力减小。[　　]

4. 共点力合成遵循代数运算法则。[　　]

5. 物体受两个共点力作用，$F_1=11N$，$F_2=7N$，则该物体受到的合力可能为（　　）

A. 3N　　B. 15N　　C. 19N　　D. 无法确定

6. 两个共点力的大小均为 10N，要合力的大小也为 10N，这两个力间的夹角应

为（　　）

A. 30°　　B. 60°　　C. 90°　　D. 120°

7. 两个共点力互相垂直，大小分别为 15N 和 20N，这两个力的合力的大小为_____ N。

8. 物体受到三个共点力作用，三个力的大小均为 15N，任意两个力间均成 120°角，则合力为_____ N。

9. 有三个共点力其大小分别为 3N，7N，10N，则它们合力的最大值为_____ N，最小值为_____ N。

第五节　力 的 分 解

1. 分力一定比合力小。[　　]

2. 力的分解遵循平行四边形法则。[　　]

3. 质量为 m 的物体，放在倾角为 θ 的斜面上，物体的重力沿斜面的分力大小为_____，垂直于斜面的分力的大小为_____。

4. 把一个与水平方向成 θ 角的力 F，分解为沿水平方向和竖直方向的两个分力，它们的大小分别为_____、_____。

第六节　物体的受力分析

画出图 2-4 中 A 物体的受力图（不能忽略摩擦力）。

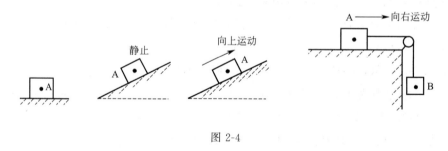

图 2-4

第七节　共点力作用下物体的平衡

1. 物体在共点力作用下的平衡状态是指物体保持静止或做匀速直线运动的状态。[　　]

2. 若几个力称为共点力，一定是它们作用于物体的同一点。[　　]

3. 物体受三个共点力作用时，这三个力中的任意两个力的合力必与第三个力大小相等方向相反。[　　]

4. 物体在倾角为 15°的斜面上，恰好匀速下滑，它与斜面间的动摩擦因数为（　　）

A. tan15°　　B. cot15°　　C. sin15°　　D. cos15°

5. 物体在三个共点力作用下处于平衡状态，其中一个力竖直向上，大小为5N，若把这个力去掉，其他力不变，则其余两个力的合力大小为_____N，方向_____。

6. 如图2-5所示，重力为 G 的均匀球处于静止状态，斜面给球的支承力为_____，挡板给球的作用力为_____。（不计摩擦力）

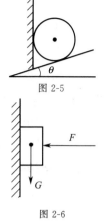

图 2-5

7. 如图2-6所示，一个重力为 G 的物体，受到水平力 F 的作用，沿墙匀速下滑，物体与墙间的动摩擦因数为（　　）

A. $\dfrac{F+G}{F}$ B. $\dfrac{F-G}{F}$ C. $\dfrac{G}{F}$ D. $\dfrac{F+G}{G}$

图 2-6

*第八节　有固定转轴的物体的平衡

1. 在图2-7中，$F=30$N，$OA=0.50$m，$\theta=30°$，棒的质量不计，O 为轴，F 的力矩分别是

(1) _____ N·m；(2) _____ N·m；(3) _____ N·m。

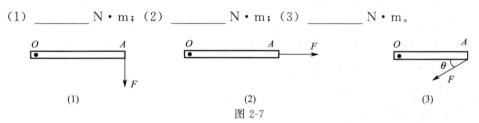

图 2-7

2. 要使以 O 为轴的铁棒静止在图2-8所示的位置，可沿 A、B、C 三个方向施力，如果棒与竖直方向成30°角，其中最省力的施力法为_____，最费力的施力法为_____。

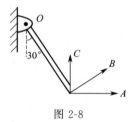

图 2-8

自　测　题

一、判断题

1. 力的作用效果与力的作用点有关。[　]
2. 弹力能使物体发生形变。[　]
3. 运动物体受到的摩擦力的方向可以和相对运动方向相同。[　]
4. 分力可以大于合力。[　]
5. 物体受四个共点力作用时，其中任意三个力的合力一定与第四个力大小相等，方向相反。[　]

二、填空题

1. 有三个共点力，大小分别为2N，7N，8N，则它们合力的最大值为_____N，最小值为_____N。

2. 在共点力作用下，物体_____或_____的状态称为平衡状态，其平衡条件是_____。

3. 如图 2-9 所示，用水平力 F 将质量为 1.0kg 的物体压在竖直墙上，$F=50$N。若物体匀速下滑，它受到的摩擦力的大小是_____N，动摩擦因数是_____；若物体静止不动，它受到的静摩擦力的大小是_____N，其方向_____。（g 取 10m/s²）

*4. 有固定转轴的物体的平衡条件是_____。

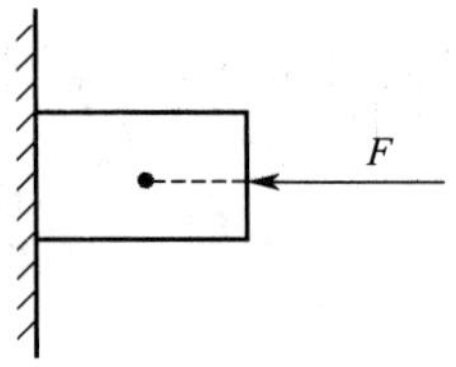

三、选择题

1. 关于弹力，下列说法正确的是（　　）
   A. 两个物体只要有接触就一定会产生弹力
   B. 发生弹性形变的物体一定产生弹力
   C. 物体静止在水平面上，则物体对水平面的压力就是物体的重力
   D. 弹力的大小与物体的形变程度无关

图 2-9

2. 关于静摩擦力，下列说法正确的是（　　）
   A. 两个表面粗糙的物体，只要直接接触就会产生静摩擦力
   B. 静摩擦力总是阻碍物体的运动
   C. 静摩擦力的方向跟物体间相对运动趋势的方向相反
   D. 两个物体之间的静摩擦力总是一个定值

3. 两个共点力的大小一定，夹角是变化的，则它们的合力在夹角从 0° 逐渐增大到 180°的过程中，合力大小的变化情况为（　　）
   A. 从最大逐渐减少到最小　　　　　B. 从最大逐渐减少到零
   C. 从最小逐渐增大到最大　　　　　D. 先增大后减小

4. 下列说法中，错误的是（　　）
   A. 力的合成遵循平行四边形法则
   B. 一切矢量的合成都遵循平行四边形法则
   C. 与两个分力共点的那一条对角线所表示的力是它们的合力
   D. 以两个分力为邻边的平行四边形的两条对角线都是它们的合力

5. 站在升降机地板上的人，当升降机匀速向上运动时，人受的力有（　　）
   A. 重力、地板支持　　　　　　　B. 重力、地面支持力、静摩擦力
   C. 重力、支持力、人向上的力　　D. 重力、支持力、静摩擦力和人向上的力

四、计算题

1. 用细绳系住的气球，受到水平方向的风力作用，静止在与竖直方向成 60°角的位置上。已知绳子对气球的拉力大小为 120N，求气球的重力和气球受到的风力大小。

2. 质量为 m 的物体在倾角为 α 的斜面上匀速下滑。试分析物体的受力情况，并求出各力的大小和物体与斜面间的动摩擦因数。

教材典型习题解答

2-2-4 一根弹簧的原长是 15cm，竖直悬挂上重量为 6.0N 的物体时变为 18cm，求这根弹簧的劲度系数。

已知 $x=18\text{cm}-15\text{cm}=3\text{cm}=3\times10^{-2}\text{m}$，$F=G=6.0\text{N}$。

求 k。

解 由 $F=kx$ 得

$$k=\frac{F}{x}=\frac{6.0}{3\times10^{-2}}=2\times10^2 \text{ (N/m)}$$

答：这根弹簧的劲度系数为 $2\times10^2\text{N/m}$。

2-3-3 要使重 400N 的桌子从原地移动，最小要用 200N 的水平推力。桌子移动后，为使它匀速运动，只要 160N 的推力，求最大静摩擦力和动摩擦因数。如果用 100N 的力推桌子，这时静摩擦力是多大？

已知 $G=400\text{N}$，$F_1=200\text{N}$，$F_2=160\text{N}$，$F_3=100\text{N}$。

求 f_1，μ，f_3。

解 由题意知：桌子受的最大静摩擦力 $f_1=F_1=200\text{N}$

桌子匀速运动时，它受的滑动摩擦力 $f_2=F_2=160\text{N}$

由 $f=\mu N$，$N=G=400\text{N}$ 得

$$\mu=\frac{f_2}{N}=\frac{160}{400}=0.4$$

桌子受 100N 的力作用时，桌子是静止的，所以

$$f_3=F_3=100\text{N}$$

答：最大静摩擦力为 200N，动摩擦因数为 0.4，桌子受 100N 的力作用时，静摩擦力为 100N。

2-5-2 如图 2-10 所示，电灯重 10N，AO 绳与竖直方向夹角为 37°，BO 绳水平。求 AO 绳、BO 绳分别受到的拉力大小。

已知 $G=10\text{N}, \theta=37°$。

求 F_1, F_2。

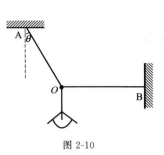

图 2-10

解 由题意知：AO 绳、BO 绳受的拉力大小分别等于电灯的重力 G 的两个分力 F_1、F_2，如图 2-11 所示。

由 $\cos\theta=\dfrac{G}{F_1}$ 得

$$F_1=\dfrac{G}{\cos\theta}=\dfrac{10}{\cos 37°}\approx 12.5\ (\text{N})$$

由 $\tan\theta=\dfrac{F_2}{G}$ 得

$$F_2=G\tan\theta=10\tan 37°\approx 7.5\ (\text{N})$$

答：AO 绳、BO 绳分别受到的拉力大小为 12.5N、7.5N。

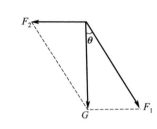

图 2-11

2-5-3 电杆受水平导线 200N 的水平拉力和一端埋在地下的拉线向斜下方拉力的共同作用，结果使电杆受到竖直向下的 150N 的力（见图 2-12），求拉线的拉力大小。

已知 $F_1=200\text{N}, F=150\text{N}$。

求 F_2。

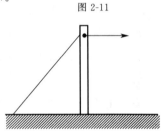

图 2-12

解 由题意知：F_1、F_2、F 的关系如图 2-13 所示。

由勾股定理得 $F_2^2=F_1^2+F^2$，即

$$F_2=\sqrt{F_1^2+F^2}=\sqrt{200^2+150^2}=250\ (\text{N})$$

答：拉线的拉力大小为 250N。

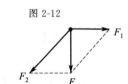

图 2-13

2-7-2 一个伞兵连同装备共重 800N，当他匀速降落时，它受到的空气阻力是多大？方向怎样？

已知 $G=800\text{N}$。

求 f。

解 伞兵连同装备共受两个力作用：重力 G 和空气阻力 f，如图 2-14 所示。

由两力平衡条件得

$$f=G=800\text{N}$$

f 方向与 G 方向相反，即竖直向上。

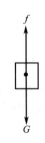

图 2-14

答：伞兵连同装备受到的空气阻力为 800N，阻力方向竖直向上。

2-7-3 马拉雪橇在水平冰面上匀速前进，雪橇和货物总重 $6.0\times 10^4\text{N}$，滑板与冰面的动摩擦因数为 0.027，问马拉雪橇的水平拉力是多少？

已知 $G=6.0\times 10^4\text{N}, \mu=0.027$。

求 F。

解 由题意知：雪橇和货物对冰面的正压力 $N=G=6.0\times10^4$N

因为马拉雪橇匀速前进，所以马对雪橇的水平拉力

$$F=f=\mu N=0.027\times6.0\times10^4=1.62\times10^3 \text{（N）}$$

答：马拉雪橇的水平拉力为 1.62×10^3N。

*2-7-4 如图 2-15 所示，放在水平地面上的木箱质量为 60kg，一人用大小为 200N，方向与水平方向成 30°角斜向上的力拉木箱，木箱沿地面做匀速运动，求木箱受到的摩擦力和支持力。

已知 $m=60$kg，$F=200$N，$\theta=30°$，$g=9.8$m/s^2。

求 f，N。

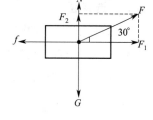

图 2-15

解 木箱的受力分析如图 2-16 所示

将拉力 F 分解为两个分力 F_1、F_2，由平衡条件知

$$f=F_1 \quad N+F_2=G$$

即 $f=F\cos\theta=200\cos30°\approx173$ （N）

$N=G-F_2=mg-F\sin\theta=60\times9.8-200\sin30°=488$ （N）

答：木箱受到的摩擦力为 173N，支持力为 488N。

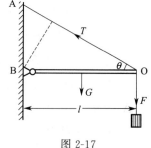

图 2-16

*2-8-3 图 2-17 中的 BO 是一根横梁，一端装在轴 B 上，另一端用钢绳 AO 拉着。在 O 点挂一重物，重量是 240N，横梁是均匀的，它的重量是 80N，求钢绳对横梁的拉力大小。

已知 $F=G_1=240$N，$G=80$N，$\theta=30°$。

求 T。

解 横梁 BO 是有固定转动轴的物体，使它发生转动的力矩有三个，分别为：

$$M_1=Fl=G_1l \quad M_2=G\frac{l}{2}=\frac{Gl}{2} \quad M_3=Tl\sin\theta$$

M_3 使横梁向逆时针方向转动，M_1 和 M_2 分别使横梁向顺时针方向转动，由力矩的平衡条件知：

$$M_1+M_2=M_3$$

即 $$G_1l+\frac{Gl}{2}=Tl\sin\theta$$

所以 $$T=\frac{G_1+\frac{G}{2}}{\sin\theta}=\frac{240+\frac{80}{2}}{\sin30°}=560 \text{（N）}$$

答：钢绳对横梁的拉力大小为 560N。

教材复习题解答

一、判断题

1. 力的作用效果与力的大小、方向、作用点都有关。（√）
2. 重力的施力物体是地球。（√）
3. 弹力产生在直接接触而又发生形变的两物体之间。（√）
4. 摩擦力总起阻力的作用。（×）
5. 合力一定大于每一个分力。（×）

二、选择题

1. 关于力，下列说法中正确的是（D）
   A. 只有直接接触的物体之间才有力的作用
   B. 可以只存在受力物体而不存在施力物体
   C. 只要有一个物体就能产生力的作用
   D. 一个力必定跟两个物体相联系

2. 关于弹力，下列说法中正确的是（B）
   A. 相互接触的物体之间必有弹力作用
   B. 压力和支持力总是跟接触面垂直
   C. 物体对桌面的压力是桌面发生微小形变而产生的
   D. 放在桌面上的物体对桌面的压力就是物体的重力

3. 关于摩擦力，下列说法中正确的是（C）
   A. 相互挤压的物体之间一定存在摩擦力
   B. 摩擦力一定随压力的增大而增大
   C. 摩擦力可以是动力，也可以是阻力
   D. 静止的物体都受静摩擦力作用

4. 作用在同一物体上的两个力，$F_1=5N$，$F_2=4N$，它们的合力不可能是（D）
   A. 9N B. 5N C. 2N D. 10N

5. 几个共点力作用在同一物体上，使它处于平衡状态。若撤去其中一个力 F，则物体将（B）
   A. 改变运动状态，合力的方向与 F 相同
   B. 改变运动状态，合力的方向与 F 相反
   C. 改变运动状态，合力的方向无法确定
   D. 运动状态不变

三、填空题

1. 力的作用效果是<u>改变物体的运动状态</u>或<u>使物体发生形变</u>。
2. 静摩擦力的方向总是与<u>相对运动趋势</u>方向相反，滑动摩擦力的方向总是与<u>相对运动</u>方向相反。
3. 两个大小一定的共点力，在方向<u>相同</u>时，合力最大；在方向<u>相反</u>时，合力最小。
4. 水平地面上静止放置一只木箱重 500N，有人用 400N 的力竖直向上提它，则地面对木箱的支持力是 <u>100N</u>，木箱受到的合力是 <u>0</u>。
5. 质量为 20kg 的物体，其重力大小为 <u>196N</u>；若将其放置在倾角为 30°的斜面上，它

沿斜面下滑的力是 98N，它对斜面产生的压力是 170N。

四、计算题

1. 如图 2-18 所示，水平拉线 AB 对竖直电线杆的拉力 $F_1=300\text{N}$，斜牵引线 BC 的拉力 $F_2=500\text{N}$，电线杆恰好不偏斜，求两个拉力的合力 F。

已知 $F_1=300\text{N}$，$F_2=500\text{N}$。

求 F。

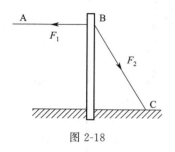

图 2-18

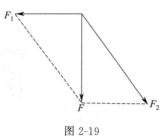

图 2-19

解 如图 2-19 所示，由题意知：两个拉力的合力 F 的方向竖直向下。

由平行四边形法则和勾股定理得

$$F=\sqrt{F_2^2-F_1^2}=\sqrt{500^2-300^2}=400(\text{N})$$

答：两个拉力的合力大小是 400N，方向竖直向下。

2. 沿光滑的墙壁用网兜把一个足球挂在 A 点，足球的质量为 m，网兜的质量不计，如图 2-20 所示。足球与墙壁的触点为 B，悬绳与墙壁的夹角为 α。求悬绳对球的拉力大小和墙壁对球的支持力大小。

已知 m，α。

求 F，N。

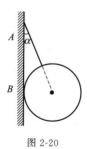

图 2-20

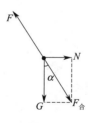

图 2-21

解 如图 2-21 所示，足球受三个共点力作用而处于平衡状态。

由平衡条件知，F 与 $F_合$ 大小相等，方向相反。

由 $\tan\alpha=\dfrac{N}{G}$ 得

$$N=G\tan\alpha=mg\tan\alpha$$

由 $\cos\alpha=\dfrac{G}{F_合}$ 得

$$F=F_合=\dfrac{G}{\cos\alpha}=\dfrac{mg}{\cos\alpha}$$

答：悬绳对球的拉力大小为 $\dfrac{mg}{\cos\alpha}$，墙壁对球的支持力大小为 $mg\tan\alpha$。

*3. 图 2-22 是一台起重机的示意图。机身和平衡体的重量 $G_1=4.2\times10^5$N，起重杆的重量 $G_2=2.0\times10^4$N。其他数据如图中所示。起重机至多能提起多重的货物？（提示：这时起重机以 O 为转动轴而保持平衡）

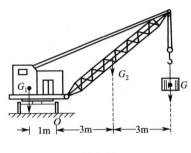

图 2-22

已知 $G_1=4.2\times10^5$N，$G_2=2.0\times10^4$N，$L_1=1$m，$L_2=3$m，$L=3\text{m}+3\text{m}=6\text{m}$。

求 G。

解 如图 2-22 所示，由有固定转轴的物体的平衡条件得

$$G_1L_1=G_2L_2+GL$$

所以 $G=\dfrac{G_1L_1-G_2L_2}{L}=\dfrac{4.2\times10^5\times1-2.0\times10^4\times3}{6}=6.0\times10^4$ （N）

答：起重机至多能提起 6.0×10^4N 的货物。

第三章　牛顿运动定律

学习目标

1. 掌握牛顿三个定律，理解惯性的概念。
2. 掌握应用牛顿运动定律解决问题的基本思路和方法，理解超重和失重现象。
*3. 了解牛顿运动定律的适用条件。
*4. 理解匀速圆周运动的线速度、角速度、周期、频率、向心力、向心加速度的概念，并掌握它们之间的关系。
*5. 掌握万有引力定律。了解有关人造地球卫星的知识，理解宇宙速度，并会推导第一宇宙速度。

练 习 题

第一节　牛顿第一定律

1. 保持静止的物体一定不受外力的作用。[　　]
2. 物体不受外力作用时才有惯性。[　　]
3. 物体只有静止时才有惯性。[　　]
4. 一切物体总_____，直到有_____迫使它改变这种状态为止，这就是牛顿第一定律。
5. 物体保持_____状态的性质称为____。牛顿第一定律又叫_____定律。
6. 一物体做匀速直线运动，则此物体（　　）

A. 一定不受外力的作用
B. 一定受到一个跟速度方向相同的力的作用
C. 一定受到一个跟速度方向相反的力的作用
D. 不受外力作用或所受外力的合力等于零

7. 图 3-1 为火车运动的 v-t 图像。在不同线段所表示的运动状态中，火车所受的合力为零的线段是（　　）

A. OA　　　B. AB
C. BC　　　D. CD

8. 如图 3-2 所示，一质量为 50kg 的木箱，在 200N 的水平拉力作用下沿水平地面做匀速直线运动。求木箱跟地面间的动摩擦因数。（g 取 10m/s^2）

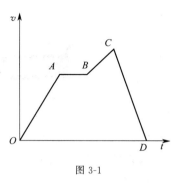

图 3-1

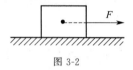

图 3-2

*9. 一人在水平地面上移动一重 60N 的木箱，木箱与地面间的动摩擦因数为 0.20，人斜向下推木箱，其作用力的方向的作用力与地面成 30°，设木箱匀速运动，求人对木箱的作用力大小。

第二节　牛顿第二定律

1. 一个质量为 m 的物体受四个共点力作用下而保持静止状态，若保持这四个力不变，再增加一个力 F_5，使物体受上述五个力作用，则此物体将（　　）

A. 以 $\dfrac{F_5}{m}$ 的加速度沿 F_5 方向运动　　B. 以 $\dfrac{F_5}{m}$ 的加速度沿 F_5 的反方向运动

C. 仍保持原来的静止状态　　D. 沿 F_5 方向作匀速直线运动

2. 一物体在力 F 的作用下，产生的加速度为 a。现在把该物体的质量减为原来的 $\dfrac{2}{3}$，力减为原来的 $\dfrac{1}{4}$，则此时物体的加速度是原来的（　　）

A. $\dfrac{1}{4}$　　　　B. $\dfrac{3}{2}$　　　　C. $\dfrac{3}{8}$　　　　D. $\dfrac{1}{8}$

3. 在牛顿第二定律公式 $F=kma$ 中，k 的数值（　　）

A. 由 F、m、a 的单位决定　　B. 由 F、m、a 的大小决定

C. 在任何情况下都等于 1　　D. 与 F、m、a 的大小和单位都无关

4. 一物体在 4.0N 的外力作用下，产生 4.0m/s^2 的加速度，若要使它产生 6.0m/s^2 的加速度，需对它施加多大的外力？

5. 设"神舟五号"载人飞船火箭组合体的质量为 500t，若点火启动后的加速度为 8.6m/s^2，在不考虑飞船火箭组合体运动中的质量变化和受到的阻力的情况下，它受到的推力为多大？

第三节　牛顿第三定律

1. 挂在绳子下端的物体保持静止状态，是因为绳拉物体的力跟物体拉绳的力大小相等，方向相反。[　　]

2. 由于物体受到重力的作用，所以放在桌面上的物体对桌面产生一个压力，因此重力与物体对桌面的压力是一对作用力与反作用力。[　　]

3. 作用力与反作用力必定是性质相同的力。[　　]

4. 在水平地面上用力 F 拉一个物体匀速前进，若物体受的摩擦力为 f，则 f 的反作用力是（　　）

A. 拉力 F　　　　　　B. 物体的重力

C. 地面对物体的支持力　　D. 地面受的摩擦力

5. 质量为 1kg 的物体，吸引地球的力（　　）

A. 大于 9.8N　　B. 等于 9.8N　　C. 小于 9.8N　　D. 无法确定

第四节　牛顿运动定律的应用

1. 质量为 m 的物体，放在粗糙的水平地面上，用水平力 F 拉物体，物体得到加速度 a，若水平拉力变为 $2F$，则（　　）

A. 加速度为 $2a$　　B. 加速度大于 $2a$　　C. 加速度小于 $2a$　　D. 无法确定

2. 一个质量为6.0kg的物体，受到五个力作用而保持静止，若撤去一个大小为6.0N，方向竖直向上的力，而其余四个力保持不变，使物体只受这四个力的作用，则物体（　　）

　　A. 沿竖直方向向上做匀加速直线运动，加速度大小为1.0m/s^2

　　B. 沿竖直方向向上做匀减速直线运动，加速度大小为1.0m/s^2

　　C. 沿竖直方向向下做匀加速直线运动，加速度大小为1.0m/s^2

　　D. 沿竖直方向向下做匀减速直线运动，加速度大小为1.0m/s^2

3. 用绳拉物体在光滑的水平面上做直线运动，拉力方向与运动方向相同，若力逐渐减小，则物体的速度将（　　）

　　A. 增大　　　　B. 减小　　　　C. 保持不变　　　　D. 无法确定

4. 伞兵和其携带的武器共重910N，未张开降落伞时以9.45m/s^2的加速度加速下降，则空气对它的阻力是（　　）

　　A. 32.5N　　　　B. 877.5N　　　　C. 910N　　　　D. 942.5N

5. 气球的质量为12kg，以3.0m/s^2的加速度匀加速上升，气球受到的浮力为（g取10m/s^2）（　　）

　　A. 48N　　　　B. 84N　　　　C. 36N　　　　D. 156N

6. 一个6.0N的力，使质量为m_1的物体产生的加速度是3.0m/s^2，使质量为m_2的物体产生的加速度是1.5m/s^2。若用这个力作用在m_1和m_2的联合体上，则联合体的加速度是多少？

7. 一个静止在光滑水平地面上的物体，当它受到49N的水平力作用时，在0.5s内移动2.5m的距离，若将力改为29.4N，则物体在同样时间内移动的距离是多少？

8. 已知列车的总质量为 5.0×10^2 t，若牵引力为 6.0×10^5 N，它所受的阻力是它所受重力的 0.010 倍，火车开动后，第 5s 末的速度是多大？（g 取 $10m/s^2$）

9. 一个 10kg 的物体，放在垂直升降电梯的地板上，当电梯分别以 $4.9m/s^2$ 的加速度匀加速上升和以 $4.9m/s^2$ 的加速度匀加速下降时，求地板受的压力。

*第五节 牛顿运动定律的适用范围

1. 牛顿运动定律适用于研究物体的高速运动问题。[　　]
2. 量子力学能解释微观粒子的运动规律。[　　]
3. 微观粒子只具有粒子性。[　　]
4. 狭义相对论是由爱因斯坦提出来的。[　　]
5. 经典力学只适用于研究宏观物体的低速运动问题。[　　]

*第六节 匀速圆周运动

1. 匀速圆周运动是速度不变的匀速运动。[　　]
2. 匀速圆周运动的角速度不变。[　　]
3. 做匀速圆周运动的物体所受的向心力是一个恒力。[　　]
4. 钟表上分针端点的周期是_____ s，角速度是_____ rad/s。
5. 绳的一端拴一重球，手握绳的另一端，使球在光滑的水平桌面上做匀速圆周运动，球在运动过程中受到的三个力是_____、_____、_____。当角速度一定时，绳长越_____越易断；当线速率一定时，绳长越_____越易断。
6. 匀速圆周运动是（　　）
   A. 速度不变的匀速运动　　　　B. 加速度不变的匀变速运动
   C. 加速度不断变化的非匀变速运动　D. 都不正确

7. 做匀速圆周运动的物体（   ）

A. 所受外力的合力为零

B. 一定只受一个恒力作用

C. 除可能受重力、弹力、摩擦力外，还必受向心力的作用

D. 所受外力的合力不为零，其方向始终跟速度方向垂直

8. 如图3-3所示，圆锥摆球在水平面内做匀速圆周运动，它所受到的作用力（   ）

A. 重力、绳的拉力   B. 重力、拉力、离心力

C. 重力、拉力、向心力   D. 重力、拉力、旋转力

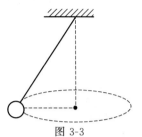

图3-3

9. 行驶的小货车总质量为4.0t，途中遇到圆弧形拱桥，其半径为20m，若想使货车在桥中心时，对桥的压力为3.0×10^4N，问货车经过桥中心时的速度应该多大？（g 取 10m/s^2）

*第七节　万有引力定律

1. 地球的半径为6370km，质量为 1.0×10^3kg 的人造地球卫星在离地面6370km的轨道上运行时，地球对它的引力为_____N。（地球质量为 6.0×10^{24}kg）

2. 人造地球卫星离地高度 H 等于地球半径 R 时，环绕地球飞行的速度为 v_0；如果卫星离地高为 $2R$，环绕地球飞行的速度为_____。

3. 地球的质量是月球质量的81倍，若地球对月球的引力为 F，则月球对地球引力的大小为（   ）

A. $81F$ B. $F/9$ C. F D. 无法确定

4. 月球表面上的重力加速度为地球表面上的 $\dfrac{1}{6}$。一个质量为600kg的飞行器在月球表面上，它的（   ）

A. 质量是100kg，重量是5880N   B. 质量是100kg，重量是980N

C. 质量是600kg，重量是980N   D. 质量是600kg，重量是5880N

5. 若地球绕太阳运转的周期和轨道半径分别为 T 和 R，月球绕地球运转的周期和轨道半径分别为 t 和 r，求太阳和地球的质量之比。

自 测 题

一、判断题

1. 力是产生加速度的原因。[　　]
2. 物体静止时没有惯性,只有始终保持运动状态才有惯性。[　　]
3. 由 $m=\dfrac{F}{a}$ 知,物体的质量与物体所受的外力成正比,与物体的加速度成反比。[　　]
*4. 向心力只能改变速度的方向。[　　]
*5. 匀速圆周运动是匀速运动。[　　]

二、填空题

1. 放在车厢地板上的物体,随车厢在水平道路上匀速运动,物体受到的力有_____,突然刹车时,物体在原地未动,这时物体受到的力有_____。

2. 物体在几个恒力的作用下做匀速直线运动,当突然撤去了其中一个大小为10N,方向水平向右的力后,物体受的合力方向_____,大小是_____。

3. 放在光滑水平面上的物体在水平推力作用下,由静止开始做匀变速直线运动,当推力逐渐减小时,它的加速度将_____,速度将_____,位移将_____。

*4. 做匀速圆周运动的物体,其角速度为6rad/s,线速度为3m/s,则运动半径为_____m,运动周期为_____s。

三、选择题

1. 从牛顿第二定律中可知,无论怎样小的力都可使物体产生加速度,可是当我们用较小的力去推很重的放在地面上的箱子时,却推不动。这时因为(　　)

　　A. 推力小于静摩擦力　　　　　B. 箱子有加速度,只是太小,不易被觉察
　　C. 推力小于箱子的重力　　　　D. 箱子所受的合力仍为零

2. 关于加速度的方向,下列说法中正确的是(　　)

　　A. 加速度的方向与动力方向相同　　B. 加速度的方向与阻力方向相同
　　C. 加速度的方向与合力方向相同　　D. 加速度的方向与速度方向相同

3. 马拉车由静止开始,先做加速运动,后做匀速运动,则下列判断正确的是(　　)

　　A. 加速运动中,马向前拉车的力大于车向后拉马的力
　　B. 匀速运动中,马向前拉车的力大于车向后拉马的力
　　C. 只有匀速运动中,马向前拉车的力的大小才等于车向后拉马的力的大小
　　D. 无论做加速运动还是匀速运动,马向前拉车的力的大小都等于车向后拉马的力的大小

*4. 关于做匀速圆周运动的物体的线速度的大小和方向,下列说法中正确的是(　　)

　　A. 大小不变,方向也不变　　　　B. 大小不变,方向不断变化

C. 大小不断改变，方向不变　　　　D. 大小和方向都不断改变

*5. 已知地球的质量为 M，半径为 R，地球表面的重力加速度为 g，万有引力恒量为 G。一颗人造地球卫星在离地面高为 h 处绕地球做匀速圆周运动，则这颗卫星的运动速率为（　　）

A. $\sqrt{gR}$　　　　B. $\sqrt{\dfrac{GM}{R}}$　　　　C. $\sqrt{\dfrac{gR}{R+h}}$　　　　D. $\sqrt{\dfrac{GM}{R+h}}$

四、计算题

1. 一个静止在水平地面上的物体，质量 $m=20\text{kg}$。现用一个大小为 $F=60\text{N}$ 的水平推力使物体做匀加速直线运动，当物体运动的位移 $s=9.0\text{m}$ 时，它的速度达到 $v=6.0\text{m/s}$。求：

（1）物体的加速度大小；

（2）物体与地面间的摩擦力；

（3）物体与地面间的动摩擦因数。（g 取 10m/s^2）

2. 一滑雪运动员，从静止开始沿倾角为 $30°$ 斜坡匀加速滑下，滑雪板与雪地间的动摩擦因数是 0.040，求 5s 内滑下的路程。（g 取 10m/s^2）

教材典型习题解答

3-2-3 甲、乙两辆小车,在相同的力作用下,甲车产生的加速度为 1.5m/s^2,乙车产生的加速度为 4.5m/s^2,甲车的质量是乙车质量的几倍?

已知 $a_1 = 1.5\text{m/s}^2$, $a_2 = 4.5\text{m/s}^2$。

求 $\dfrac{m_1}{m_2}$。

解 由 $F = ma$ 知,F 一定时

$$m_1 a_1 = m_2 a_2$$

所以

$$\frac{m_1}{m_2} = \frac{a_2}{a_1} = \frac{4.5}{1.5} = 3$$

答:甲车的质量是乙车质量的 3 倍。

3-4-1 质量为 $4.0 \times 10^3\text{kg}$ 的汽车由静止开始在发动机牵引力作用下,沿平直公路行驶。若已知发动机的牵引力是 $1.6 \times 10^3\text{N}$,汽车受到的阻力是 $8.0 \times 10^2\text{N}$,求汽车开动后速度达到 10m/s 所需时间和在这段时间内汽车所通过的位移。

已知 $m = 4.0 \times 10^3\text{kg}$, $v_0 = 0$, $F = 1.6 \times 10^3\text{N}$, $f = 8.0 \times 10^2\text{N}$, $v_t = 10\text{m/s}$。

求 t, s。

解 选取汽车为研究对象,受力分析如图 3-4 所示,规定汽车向前运动的方向为正方向。

由 $F_{合} = ma$ 得

$$F - f = ma$$

所以 $a = \dfrac{F - f}{m} = \dfrac{1.6 \times 10^3 - 8.0 \times 10^2}{4.0 \times 10^3} = 2.0 \times 10^{-1}$ (m/s^2)

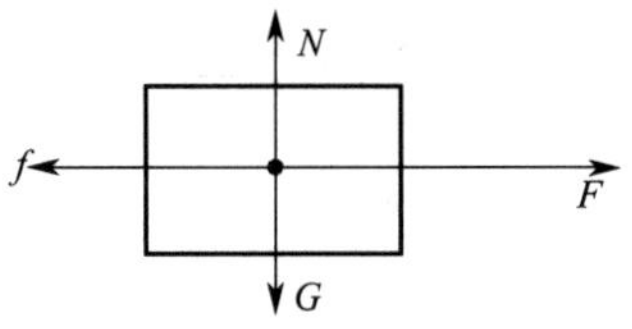

由 $v_t = v_0 + at$ 得

$$t = \frac{v_t - v_0}{a} = \frac{10 - 0}{2.0 \times 10^{-1}} = 50 \text{ (s)}$$

由 $s = v_0 t + \dfrac{1}{2} at^2$ 得

$$s = 0 \times 50 + \frac{1}{2} \times 2.0 \times 10^{-1} \times 50^2 = 2.5 \times 10^2 \text{ (m)}$$

图 3-4

答:汽车开动后速度达到 10m/s 所需时间为 50s,在这段时间内汽车通过的位移为 $2.5 \times 10^2\text{m}$。

3-4-2 一辆质量为 $3.0 \times 10^3\text{kg}$ 的汽车以 20m/s 的速度前进,要使它在 30s 内匀减速地停下来,它要受多大的阻力?

已知 $m = 3.0 \times 10^3\text{kg}$, $v_0 = 20\text{m/s}$, $t = 30\text{s}$, $v_t = 0$。

求 f。

解 选汽车为研究对象，受力分析如图 3-5 所示，规定汽车向前运动的方向为正方向。

由 $v_t = v_0 + at$ 得

$$a = \frac{v_t - v_0}{t} = \frac{0 - 20}{30} = -\frac{2}{3} \text{ (m/s}^2\text{)}$$

由 $F_合 = ma$ 得

$$-f = ma$$

所以 $f = -ma = -3.0 \times 10^3 \times \left(-\frac{2}{3}\right) = 2.0 \times 10^3$ (N)

答：汽车受的阻力为 2.0×10^3 N。

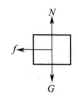

图 3-5

3-4-3 滑雪运动员从静止开始沿山坡匀加速滑下，2.0s 内滑下 2.6m，山坡的倾角为 30°，运动员和他全部装备的总质量是 60kg，求运动员滑下时所受到的摩擦力。

已知 $v_0 = 0$，$t = 2.0$s，$s = 2.6$m，$\theta = 30°$，$m = 60$kg。

求 f。

解 以滑雪运动员为研究对象，受力情况如图 3-6 所示。

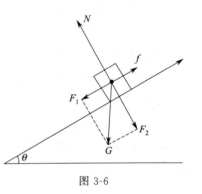

图 3-6

将重力 G 沿山坡方向和垂直于山坡方向分解，得

$F_1 = G\sin\theta = mg\sin\theta \quad F_2 = G\cos\theta = mg\cos\theta$

规定滑雪运动员沿山坡下滑的方向为正方向

由 $s = v_0 t + \frac{1}{2}at^2$ 得

$$a = \frac{2(s - v_0 t)}{t^2} = \frac{2(2.6 - 0 \times 2.0)}{2.0^2} = 1.3 \text{ (m/s}^2\text{)}$$

由 $F_合 = ma$ 得

$$F_1 - f = ma$$

所以 $f = F_1 - ma = mg\sin\theta - ma = 60(9.8\sin30° - 1.3) = 216$ (N)

答：滑雪运动员滑下时所受到的摩擦力为 216N。

***3-6-1** 一个质量为 3.0kg 的物体，在半径为 2.0m 的圆周上，以 4.0m/s 的速度做匀速圆周运动，向心加速度是多大？所需向心力是多大？

已知 $m = 3.0$kg，$R = 2.0$m，$v = 4.0$m/s。

求 a，F。

解 由 $a = \frac{v^2}{R}$ 得

$$a = \frac{4.0^2}{2.0} = 8.0 \text{ (m/s}^2\text{)}$$

由 $F=ma$ 得
$$F=3.0\times8.0=24 \text{ （N）}$$
答：物体的向心加速度为 8.0m/s^2，所需向心力为 24N。

*3-6-3 质量为 800kg 的小汽车驶过一个半径为 50m 的圆形拱桥，到达桥顶时的速度为 5m/s，求此时汽车对桥的压力。

已知　$m=800\text{kg}$，$R=50\text{m}$，$v=5\text{m/s}$。

求　N'。

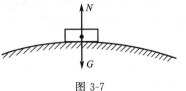

图 3-7

解　选汽车为研究对象，受力分析如图 3-7 所示。

汽车在竖直方向受两个力的作用：重力 G 和桥面的支持力 N，它们的合力提供汽车做圆周运动所需的向心力 F，F 的方向竖直向下，即 $F=G-N$

由 $F=m\dfrac{v^2}{R}$ 得
$$G-N=m\dfrac{v^2}{R}$$
所以　$N=G-m\dfrac{v^2}{R}=mg-m\dfrac{v^2}{R}=800\left(9.8-\dfrac{5^2}{50}\right)=7.44\times10^3$ （N）

汽车对桥的压力 N' 与桥对汽车的支持力 N 是一对作用力和反作用力。由牛顿第三定律可知，二者大小相等，方向相反。即
$$N'=-N=-7.44\times10^3\text{N}$$
答：汽车到达桥顶时对桥的压力大小是 $7.44\times10^3\text{N}$，方向竖直向下。

*3-7-3 已知在轨道上运转的某一人造地球卫星，运转周期为 $5.6\times10^3\text{s}$，轨道半径为 $6.8\times10^3\text{km}$。试估算地球的质量。

已知　$T=5.6\times10^3\text{s}$，$R=6.8\times10^3\text{km}=6.8\times10^6\text{m}$。

求　M。

解　由题意知：地球对卫星的万有引力提供了卫星绕地球运转所需要的向心力。

由 $F=G\dfrac{m_1m_2}{r^2}$ 得，万有引力 $F=G\dfrac{mM}{R^2}$

由 $F=m\dfrac{v^2}{R}$ 和 $v=\dfrac{2\pi R}{T}$ 得，向心力 $F=m\dfrac{4\pi^2 R}{T^2}$

所以　$G\dfrac{mM}{R^2}=m\dfrac{4\pi^2 R}{T^2}$

$$M=\dfrac{4\pi^2 R^3}{GT^2}=\dfrac{4\times3.14^2\times(6.8\times10^6)^3}{6.67\times10^{-11}\times(5.6\times10^3)^2}\approx5.9\times10^{24} \text{ （kg）}$$

答：地球的质量为 $5.9\times10^{24}\text{kg}$。

*3-7-4 海王星的质量是地球的 17 倍，它的半径是地球的 4 倍。绕海王星表面做圆

周运动的宇宙飞船，其运动速度有多大？

已知 $\dfrac{m_2}{m_1}=17$，$\dfrac{R_2}{R_1}=4$，$v_1=7.9\text{km/s}=7.9\times10^3\text{m/s}$。

求 v_2。

解 设宇宙飞船的质量为 m，海王星对宇宙飞船的万有引力提供宇宙飞船绕海王星做圆周运动所需的向心力，即

$$G\dfrac{mm_2}{R_2^2}=m\dfrac{v_2^2}{R_2} \tag{1}$$

如果宇宙飞船绕地球做圆周运动，则有

$$G\dfrac{mm_1}{R_1^2}=m\dfrac{v_1^2}{R_1} \tag{2}$$

(1) 和 (2) 相除得

$$\dfrac{m_2}{m_1}\times\dfrac{R_1}{R_2}=\dfrac{v_2^2}{v_1^2}$$

所以 $v_2=v_1\sqrt{\dfrac{m_2}{m_1}\times\dfrac{R_1}{R_2}}=7.9\times10^3\times\sqrt{17\times\dfrac{1}{4}}\approx1.63\times10^4(\text{m/s})=16.3$ （km/s）

答：绕海王星表面做圆周运动的宇宙飞船，其运动速度为 1.63km/s。

教材复习题解答

一、判断题

1. 力是维持物体运动的原因。（×）
2. 任何物体都有惯性。（√）
3. 作用力和反作用力大小相等，方向相反，可以互相抵消。（×）
* 4. 匀速圆周运动是变速运动。（√）
* 5. 地球对月球的万有引力大于月球对地球的万有引力。（×）

二、选择题

1. 关于惯性的大小，下面说法中正确的是（B）

   A. 两个质量相同的物体，在阻力相等的情况下，速度大的不容易停下来，所以速度大的物体惯性大

   B. 两个质量相同的物体，不论速度大小，惯性一定相同

   C. 推动地面上的静止的物体，要比维持这个物体做匀速运动所需的力大，所以物体静止时惯性大

   D. 在月球上举重比在地球上容易，所以质量相同的物体在月球上比在地球上惯性小

2. 关于运动和力的关系，下面说法中正确的是（B）

A. 物体在恒力作用下，运动状态不变

B. 物体受到不为零的合力作用时，运动状态发生变化

C. 物体受到合力为零时，一定处于静止状态

D. 物体的运动方向与其所受合力的方向相同

3. 一只茶杯静止在水平桌面上，则（B）

A. 它所受的重力与桌面的支持力是作用力和反作用力

B. 它所受的重力与桌面的支持力是一对平衡力

C. 它所受的重力与它对地面的压力是作用力和反作用力

D. 它所受的重力与它对地球的吸引力是一对平衡力

4. 汽车拉着拖车前进，汽车对拖车的作用力为 F_1，拖车对汽车的作用力为 F_2，则 F_1 和 F_2 的大小的关系是（C）

A. $F_1 > F_2$　　B. $F_1 < F_2$　　C. $F_1 = F_2$　　D. 无法确定

*5. 在匀速圆周运动中，下列物理量中不变的是（B）

A. 线速度　　B. 角速度　　C. 向心力　　D. 向心加速度

三、填空题

1. 质量为 8×10^3 kg 的汽车，以 1.5m/s^2 的加速度做匀加速直线运动，若所受阻力为 2.5×10^3 N，则汽车的牵引力是 $\underline{1.45 \times 10^4}$ N。

2. 一辆汽车质量为 10^3 kg，刹车速度为 15m/s，刹车过程中所受阻力为 6×10^3 N，则汽车经过 $\underline{2.5}$ s 才能停下来。

3. 甲乙两物体质量之比为 1∶2，所受合外力之比是 1∶2，从静止开始发生相同位移所用的时间之比是 $\underline{1∶1}$。

*4. 一辆汽车质量为 m，经过半径为 R 的凸形桥最高点时的速率为 v，此时它对桥的压力为 $\underline{mg - m\dfrac{v^2}{R}}$。

四、计算题

1. 飞机在平直跑道上匀加速滑行了 1.0km，达到起飞速度 80m/s。若已知飞机的质量为 5.0t，不计摩擦阻力，则飞机的加速时间和牵引力各是多少？

已知　$s = 1.0 \text{km} = 1.0 \times 10^3 \text{m}$，$v_0 = 0$，$v_t = 80 \text{m/s}$，$m = 5.0 \text{t} = 5.0 \times 10^3 \text{kg}$。

求　t, F。

解　由 $v_t^2 - v_0^2 = 2as$ 得

$$a = \frac{v_t^2 - v_0^2}{2s} = \frac{80^2 - 0^2}{2 \times 1.0 \times 10^3} = 3.2 \text{ (m/s}^2\text{)}$$

由 $a = \dfrac{v_t - v_0}{t}$ 得

$$t = \frac{v_t - v_0}{a} = \frac{80 - 0}{3.2} = 25 \text{ (s)}$$

飞机受力分析如图 3-8 所示。

选飞机运动方向为正方向，由 $F_{合} = ma$ 得

$$F = 5.0 \times 10^3 \times 3.2 = 1.6 \times 10^4 \text{ (N)}$$

答：飞机的加速时间为 25s，牵引力为 1.6×10^4 N。

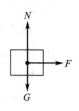

图 3-8

2. 交通民警在处理交通事故时，常常测量汽车在路面上的擦痕，以此断定汽车刹车速度大小。若已知一辆卡车质量为 3.0t，轮胎与公路的动摩擦因数为 0.90，刹车擦痕长为 8.0m，求卡车刹车时的最小速度。（g 取 10m/s^2）

已知　$m = 3.0\text{t} = 3.0 \times 10^3 \text{kg}$，$\mu = 0.90$，$s = 8.0\text{m}$，$v_t = 0$，$g = 10\text{m/s}^2$。

求　v_0。

解　卡车受力分析如图 3-9 所示。选卡车运动方向为正方向，由 $F_{合} = ma$ 得

$$-f = ma$$

因为 $f = \mu N$，而 $N = G = mg$

所以　　　$a = -\mu g = -0.90 \times 10 = -9.0 \text{ (m/s}^2)$

图 3-9

由 $v_t^2 - v_0^2 = 2as$ 得

$$v_0 = \sqrt{v_t^2 - 2as} = \sqrt{0 + 2 \times 9.0 \times 8.0} = 12 \text{ (m/s)}$$

答：卡车刹车时的最小速度为 12m/s。

第四章 功 和 能

学习目标

1. 理解功和功率的概念，会用功和功率的公式进行有关计算。
2. 理解动能的概念，掌握动能定理，会用该定理解决有关问题。
3. 理解重力势能的概念，以及重力势能的变化与重力做功的关系，掌握重力做功的特点。了解弹性势能的概念。
4. 掌握机械能守恒定律及其应用。

练 习 题

第一节 功

1. 只要有力作用在物体上，并且物体运动了一段距离，力就一定对物体做了功。〔　　〕

2. 作用在物体上的力，只要跟物体运动方向垂直，就一定不做功。〔　　〕

3. 下列关于功的说法中，正确的是（　　）

　A. 力对物体做功多，说明物体的位移一定大

　B. 力对物体做功少，说明物体受的力一定小

　C. 力对物体不做功，说明物体一定没有位移

　D. 功的多少由力的大小和物体在力的方向上的位移大小共同确定。

4. 竖直上抛的物体，到达最高点后又落回原处，不计空气阻力，则（　　）

　A. 上升过程中重力做正功　　　B. 下落过程中重力做正功

　C. 两个过程中重力都做正功　　D. 两个过程中重力都做负功

5. 起重机的钢丝绳上挂着质量为1.0t的物体，在物体匀速上升10m的过程中，钢丝绳的拉力对物体做的功是_____J；重力做的功是_____J；物体克服重力做的功是_____J。(g 取 $10m/s^2$）

6. 一人在水平地面上，沿水平方向推重600N的木箱，使它匀速前进8.0m，木箱与

地面间的动摩擦因数是 0.20，则推力做功_____J，木箱克服摩擦力做功_____J，重力做功_____J。

7. 一斜面长 5.0m、高 3.0m，用一平行于斜面、大小为 100N 的力将质量为 10kg 的物体从斜面底端推至顶端，斜面与物体间的动摩擦因数是 0.30。求：

（1）推力做的功；

（2）重力做的功；

（3）物体克服摩擦力做的功。（g 取 10m/s^2）

第二节 功 率

1. 用起重机把重 6.0×10^3N 的物体从地面匀速提到 5.0m 高的地方，用了 0.50min，钢丝绳拉力的功率是_____W，物体所受合力的功率是_____W。

2. 一重 500N 的人，在 10s 内匀速爬上 5.0m 高的树，他爬树的功率是（　　）

A. 1.0×10^3W　　B. 5.0×10^2W　　C. 2.5×10^2W　　D. 2.5×10^3W

3. 汽车上坡的时候，司机必须换挡，其目的是（　　）

A. 减小速度，得到较小的牵引力　　B. 增大速度，得到较小的牵引力

C. 减小速度，得到较大的牵引力　　D. 增大速度，得到较大的牵引力

4. 一台柴油机装在拖拉机上，拖拉机匀速行驶时速度可达 45km/h，受到的阻力是 2.94×10^3N，求柴油机的功率。

第三节　动能　动能定理

1. 只要物体运动就具有动能。[　　]
2. 运动着的物体，质量很大时，它的动能也一定很大。[　　]
3. 运动着的物体，只要受到外力的作用，它的动能就一定改变。[　　]
4. 质量为 60kg 的运动员，正以 10m/s 的速度奔跑，这时他具有的动能是 _____ J。
5. 甲、乙两物体，甲的质量是乙的 4 倍，甲的运动速度是 10m/s，若要使乙与甲有相同的动能，则乙的速度必须是 _____ m/s。
6. 甲、乙两物体的质量之比为 1∶2，从同一高度自由落下，它们落地时动能之比等于（　　）

A. 1∶1　　　　B. 2∶1　　　　C. 1∶2　　　　D. 1∶4

7. 质量为 m、速度为 v 的子弹，射入木块深度为 s。若要使射入的深度为 $3s$，子弹的初速度应为原来的（　　）（设子弹在木块中受的阻力不变）

A. $\frac{\sqrt{3}}{3}$ 倍　　B. $\sqrt{3}$ 倍　　C. 3/2 倍　　D. 6 倍

8. 一个质量为 5.0kg 的铅球从 2.0m 高处由静止释放，砸在松软的地面上，下陷 20cm 而静止，求下陷过程中铅球受到的平均阻力。(g 取 10m/s²)

9. 如图 4-1 所示，一小钢球由静止开始，沿光滑的半径为 10m 的四分之一圆弧轨道滑下，求它滑到底端时的速度大小。

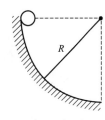

图 4-1

第四节　势　能

1. 高于地面处的物体，其重力势能一定不为零。[　　]

2. 重力对物体做负功时，物体的重力势能一定增大。[　　]

3. 起重机吊起质量为 2.0t 的物体，使它升高了 10m。在这个过程中，重力做的功是_____J，重力势能增加了_____J。(g 取 10m/s²)

4. 质量是 5.0kg 的物体放在距地面 0.80m 高的桌面上，这个物体对地面的重力势能是_____J。(g 取 10m/s²)

5. 重 50N 的物体，放在距地面 10m 高的楼上，它对地面具有_____J 的重力势能，若放在距地面 10m 深的井下时，它对地面具有_____J 的重力势能。

6. 在同一高度抛出两个质量相同的物体，一个上抛，一个下抛，最后都落到地面上，重力做功多的情况是（　　）

　　A. 上抛　　　　B. 下抛　　　　C. 一样多　　　D. 不能确定

7. 质量相同的两个物体，一物体沿斜面滑至地面，另一物体从同样高度自由下落到地面，重力做功多的情况是（　　）

　　A. 一样多　　　B. 沿斜面滑下　　C. 自由落下　　D. 无法确定

8. 以 30m/s 的速度从地面斜向上抛出一质量为 0.20kg 的物体，当它落回地面时，速度是 20m/s，从抛出到落回地面的过程中，重力做多少功？阻力做多少功？

9. 质量是 0.20kg 的物体，从距地面 20m 高处自由落下，在 1.0s 内物体的重力势能减少了多少？(g 取 10m/s²)

第五节　机械能守恒定律

1. 自由落体在下落过程中，动能的增加量等于重力势能的减少量。[　　]

2. 机械能守恒时，物体一定只受重力的作用。[　　]

3. 下列关于机械能守恒的说法中，正确的是（　　）

　　A. 所受合外力为零的物体，机械能守恒　　　B. 做匀速运动的物体，机械能一定守恒

　　C. 做加速运动的物体，机械能不守恒　　　　D. 做匀加速运动的物体，机械能可能守恒

4. 质量为 m 的小球,以速度 v 在离地面高为 h_1 处水平抛出,不计空气阻力,当它经过离地面高为 h_2 的某点时,具有的机械能为(　　)

A. $mg(h_1-h_2)$ B. $\frac{1}{2}mv^2+mg(h_1-h_2)$

C. $\frac{1}{2}mv^2+mgh_2$ D. $\frac{1}{2}mv^2+mgh_1$

5. 滑雪运动员从 40m 高的山坡上由静止滑下,如果阻力忽略不计,他滑到坡底时的速度是多少?

自 测 题

一、判断题

*1. 在匀速圆周运动中,向心力不做功。[　　]

2. 合外力对物体做负功时,其动能一定减少。[　　]

3. 重力对物体做正功,重力势能增加。[　　]

4. 在只有重力或弹力做功的条件下,物体的机械能守恒。[　　]

5. 物体在空中匀速下落过程中,机械能守恒。[　　]

二、填空题

1. 一个质量为 0.50kg 的物体从 10m 高处由静止开始下落,空气阻力是重力的 0.30 倍,则物体由开始下落到落地的过程中,重力做功_____J,空气阻力做功_____J,物体克服空气阻力做功_____J。(g 取 10m/s²)

2. 在地面附近的一个质量为 2.0kg 的物体,从零势能面以上 7.0m 处下落到零势能面以下 3.0m 处,在这个过程中,重力势能的最大值是_____J,最小值是_____J,重力势能减少了_____J。(g 取 10m/s²)

三、选择题

1. 物体放在水平地面上,在水平恒力 F 的作用下,由静止开始前进位移 s。关于 F 做功的情况,下列说法正确的是(　　)

A. 有摩擦力时 F 做功多 B. 无摩擦力时 F 做功多

C. 不论有无摩擦力,F 做功都相等 D. 无法确定

2. 一辆汽车,司机始终保持发动机在额定功率下工作,那么(　　)

A. 汽车的速度越大,牵引力越大 B. 速度越大,牵引力越小

C. 不管速度大小,牵引力不变 D. 额定功率不变,速度和牵引力都不能变

3. 升降机中有一质量为 m 的物体,当升降机以加速度 a 匀加速上升 h 高度时,物体增加的重力势能为(   )

A. mgh B. $mgh+mah$ C. mah D. $mgh-mah$

4. 一个人从离地面 h 高处,抛出一个质量为 m 的物体,物体落地时的速率为 v。不计空气阻力,则人对物体做的功为(   )

A. mgh B. $\frac{1}{2}mv^2$ C. $mgh+\frac{1}{2}mv^2$ D. $\frac{1}{2}mv^2-mgh$

5. 一个人站在阳台上,从相同高度以相同速率分别把三个球竖直向上抛出、竖直向下抛出、水平抛出。不计空气阻力,则三球落地时(   )

A. 上抛球的速率最大   B. 下抛球的速率最大
C. 平抛球的速率最大   D. 速率一样大

四、计算题

1. 质量为10kg的物体放在水平地面上,物体与地面间的动摩擦因数为0.40,今用50N的水平恒力作用于物体上,使物体由静止开始做匀加速直线运动,求:

(1) 恒力在10s内对物体做的功;
(2) 物体在10s末的动能。(g 取 10m/s^2)

2. 一根长0.9m的细绳,上端固定,下端系一小球。拉起小球,把绳拉直到水平位置后释放,小球经过最低点时的速率为多少?

教材典型习题解答

4-2-2 马拉着质量为200kg的雪橇在水平冰道上匀速前进,雪橇与冰道之间的动摩擦因数为0.035。求雪橇前进500m时,马对雪橇做的功和摩擦力对雪橇做的功。

已知 $m=200\text{kg}$,$\mu=0.035$,$s=500\text{m}$,$g=9.8\text{m/s}^2$。

求 W_F,W_f。

解 以雪橇为研究对象,受力分析如图4-2所示

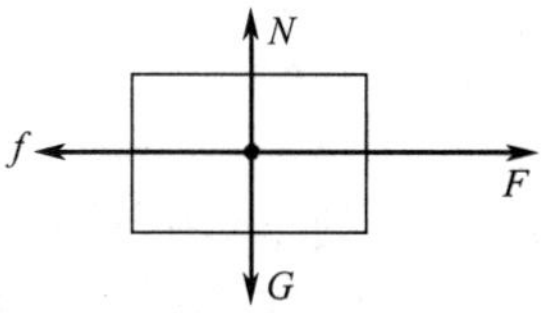

因为马拉雪橇匀速前进,所以

$$F=f=\mu N=\mu G=0.035\times200\times9.8=68.6\text{ (N)}$$

由 $W=Fs\cos\alpha$ 得

$$W_F=Fs\cos0°=68.6\times500\times1=3.43\times10^4\text{ (J)}$$
$$W_f=fs\cos180°=68.6\times500\times(-1)=-3.43\times10^4\text{ (J)}$$

图 4-2

答:马对雪橇做的功为 3.43×10^4 J,摩擦力对雪橇做的功为 -3.43×10^4 J。

4-2-3 一个物体重为 1×10^4 N,用起重机从静止开始向上起吊,其加速度为 2m/s^2。求起重机在前5s内所做的功。(g 取 10m/s^2)

已知 $G=1\times10^4$ N,$v_0=0$,$a=2\text{m/s}^2$,$t=5\text{s}$,$g=10\text{m/s}^2$。

求 W_F。

解 以物体为研究对象,受力分析如图4-3所示,规定物体向上运动方向为正方向。

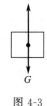

图 4-3

由 $s=v_0t+\dfrac{1}{2}at^2$ 得

$$s=0\times5+\frac{1}{2}\times2\times5^2=25\text{ (m)}$$

由 $F_{合}=ma$ 得

$$F-G=ma$$

所以 $$F=G+ma=G+\frac{G}{g}a=1\times10^4+\frac{1\times10^4}{10}\times2=1.2\times10^4\text{ (N)}$$

由 $W=Fs\cos\alpha$ 得

$$W_F=1.2\times10^4\times25\times\cos0°=3\times10^5\text{ (J)}$$

答:起重机在前5s内所做的功为 3×10^5 J。

4-3-5 在长为500m的一条平直铁轨上,一列质量为 4.0×10^2 t 的列车,速度由8m/s增加到12m/s,列车与铁轨间的动摩擦因数为0.004。求列车牵引力所做的功。(g 取 10m/s^2)

已知 $s=500\text{m}$,$m=4.0\times10^2\text{t}=4.0\times10^5\text{kg}$,$v_1=8\text{m/s}$,$v_2=12\text{m/s}$,$\mu=0.004$,$g=10\text{m/s}^2$。

求 W_F。

解 选列车为研究对象，受力情况如图 4-4 所示

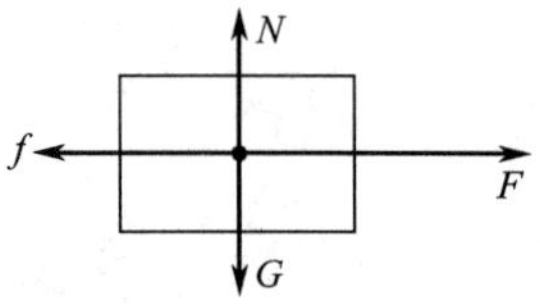

由 $W = Fs\cos\alpha$ 得

$$W_N = W_G = 0 \quad W_f = fs\cos 180° = -\mu mgs$$

由 $W_合 = \dfrac{1}{2}mv_2^2 - \dfrac{1}{2}mv_1^2$ 得

$$W_F + W_f + W_N + W_G = \dfrac{1}{2}mv_2^2 - \dfrac{1}{2}mv_1^2$$

所以

$$W_F = \dfrac{1}{2}mv_2^2 - \dfrac{1}{2}mv_1^2 - W_f = \dfrac{1}{2}mv_2^2 - \dfrac{1}{2}mv_1^2 + \mu mgs$$

$$= 4.0\times 10^5 \times \left(\dfrac{1}{2}\times 12^2 - \dfrac{1}{2}\times 8^2 + 0.004\times 10\times 500\right) = 2.4\times 10^7 \text{ (J)}$$

图 4-4

答：列车牵引力所做的功为 2.4×10^7 J。

4-4-3 离地面 19.6m 高处有一质量为 2kg 的物体，它对地面的重力势能为多少？试用动能定理求此物体自由下落到地面时的动能。

已知 $h = 19.6$m，$m = 2$kg，$g = 9.8$m/s^2。

求 E_p，E_{k2}。

解 由 $E_p = mgh$ 得

$$E_p = 2\times 9.8\times 19.6 \approx 384 \text{ (J)}$$

该物体自由下落时，$W_合 = W_G = mgh$，$E_{k1} = 0$

由 $W_合 = E_{k2} - E_{k1}$ 得

$$E_{k2} = mgh = 384\text{J}$$

答：物体对地面的重力势能为 384J，它自由下落到地面时的动能也为 384J。

4-5-3 一人以 19.6m/s 的速度从地面竖直上抛一小球，小球的重力势能和动能在多高的地方正好相等？（空气阻力不计）

已知 $v_1 = 19.6$m/s，$h_1 = 0$，$E_{p2} = E_{k2}$，$g = 9.8$m/s^2。

求 h_2。

解 由题意知，小球运动过程中只有重力做功，机械能守恒。$E_1 = E_2$。

因为

$$E_1 = \dfrac{1}{2}mv_1^2, \quad E_2 = E_{p2} + E_{k2} = 2E_{p2} = 2mgh_2$$

所以

$$\dfrac{1}{2}mv_1^2 = 2mgh_2$$

$$h_2 = \dfrac{v_1^2}{4g} = \dfrac{19.6^2}{4\times 9.8} = 9.8 \text{ (m)}$$

答：小球的重力势能和动能在 9.8m 高的地方正好相等。

4-5-4 一块石子从 20m 高处以 15m/s 的速率抛出，求石子落地时的速率。（空气阻力不计，g 取 10m/s^2）

已知 $h_1 = 20$m，$v_1 = 15$m/s，$h_2 = 0$，$g = 10$m/s^2。

求 v_2。

解 由题意知，石子在运动过程中只有重力做功，机械能守恒，即

$$\dfrac{1}{2}mv_1^2 + mgh_1 = \dfrac{1}{2}mv_2^2 + mgh_2$$

整理得 $$v_1^2+2gh_1=v_2^2$$
所以 $$v_2=\sqrt{v_1^2+2gh_1}=\sqrt{15^2+2\times10\times20}=25\text{ (m/s)}$$
答：石子落地时的速率为 25m/s。

教材复习题解答

一、判断题

1. 因为功有正负之分，所以功是矢量。（×）
2. 功率是描述做功快慢的物理量。（√）
3. 只要合外力对物体做正功，其动能必定增加。（√）
4. 重力做功一定与路径无关。（√）
5. 伞兵下落过程中机械能守恒。（×）

二、选择题

1. 一人沿水平方向推 100kg 的满载车前进了 20m，又用同样的力推 50kg 的空车前进了 20m，则这个人（C）
   A. 第一次做功多　　B. 第二次做功多　　C. 两次做功一样多　　D. 无法确定

2. 一个人从同样的高度，以不同的速度先后抛出同一个物体，物体最后落地。在物体运动过程中，重力做的功（C）
   A. 第一次多　　B. 第二次多　　C. 一样多　　D. 无法确定

3. 合力对物体做负功，物体的动能一定（B）
   A. 增加　　B. 减少　　C. 不变　　D. 不能确定

4. 从离地面 10m 高处自由下落的物体，动能和重力势能相等的高度为（A）
   A. 5.0m　　B. 2.5m　　C. $\frac{10}{3}$m　　D. 7.5m

三、填空题

1. 运动员把重 1.0×10^3N 的杠铃匀速举高 2.0m 用了 2.0s，重力做的功是 -2.0×10^3J，运动员的功率为 1.0×10^3W。

2. 运动员用力把静止在地面上的质量为 1.0kg 的足球以 16m/s 的速度踢出，运动员对足球做的功为 128J。

3. 物体的机械能守恒的条件是只有重力或弹力做功。

4. 重力对物体做正功，重力势能减少；重力对物体做负功，重力势能增加。

四、计算题

1. 静止在水平面上的物体，质量为 4.0kg，受到水平方向的拉力作用，使它前进 16m 后，速度增到 4.0m/s，它在前进中受到的阻力是 2.0N，求拉力的大小。

已知　$v_1=0$，$m=4.0$kg，$s=16$m，$v_2=4.0$m/s，$f=2.0$N。

求　F。

解　物体受力分析如图 4-5 所示。
由动能定理得
$$W_F+W_f+W_G+W_N=\frac{1}{2}mv_2^2-\frac{1}{2}mv_1^2$$

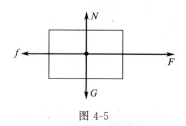

图 4-5

即 $$Fs - fs = \frac{1}{2}mv_2^2$$

所以 $F = \dfrac{\frac{1}{2}mv_2^2 + fs}{s} = \dfrac{mv_2^2}{2s} + f = \dfrac{4.0 \times 4.0^2}{2 \times 16} + 2.0 = 4.0 \text{ (N)}$

答：拉力大小为 4.0N。

2. 从某点处抛出一个质量为 0.5kg 的物体，抛出时物体的初动能为 5J，落地时速度为 10m/s。若不计空气阻力，求抛出点离地面的高度。（g 取 10m/s^2）

已知 $m = 0.5\text{kg}$，$E_{k1} = 5\text{J}$，$v_2 = 10\text{m/s}$，$h_2 = 0$，$g = 10\text{m/s}^2$

求 h_1。

解 由题意知，物体在运动过程中只有重力做功，机械能守恒，即

$$E_{k1} + mgh_1 = \frac{1}{2}mv_2^2 + mgh_2$$

所以 $h_1 = \dfrac{\frac{1}{2}mv_2^2 + mgh_2 - E_{k1}}{mg} = \dfrac{\frac{1}{2} \times 0.5 \times 10^2 + 0 - 5}{0.5 \times 10} = 4 \text{ (m)}$

答：抛出点离地面的高度为 4m。

*第五章　机械振动与机械波

学习目标

1. 掌握简谐振动的特点和条件，掌握振幅、周期和频率的物理意义。
2. 理解单摆的振动，掌握单摆振动定律。
3. 了解阻尼振动和受迫振动，掌握共振的条件。
4. 理解机械波的概念，了解横波和纵波的形成及特点。
5. 掌握波长、波速和频率的关系。

练 习 题

第一节　简 谐 振 动

1. 质点在回复力作用下的振动，一定是简谐运动。[　　]
2. 做简谐运动的质点，它的速度方向跟加速度的方向总是相反。[　　]
3. 做简谐运动的质点，它的加速度方向跟位移的方向总是相反。[　　]
4. 一弹簧振子的小球在平衡位置左右各 10cm 范围内振动，它的振幅是_____ m，完成一次全振动小球通过的路程是_____ m，如果小球振动 50 次用的时间为 100s，则小球的振动周期为_____ s，振动频率为_____ Hz。
5. 如果把弹簧振子的质量增大 4 倍，振幅增大到 2 倍，新弹簧振子的周期 T 与原弹簧振子的周期 T_0 之间的关系是_____。
6. 弹簧振子在振动过程中，小球在最大位移处动能最_____，弹性势能最_____；在平衡位置处动能最_____，弹性势能最_____。
7. 做简谐运动的质点的位移是指（　　）

A. 由质点起始位置指向质点所在位置的有向线段

B. 由平衡位置指向质点所在位置的有向线段

C. 以质点起始位置为起点沿质点运动方向的有向线段

D. 以平衡位置为起点沿质点运动方向的有向线段

8. 一个质点正在做简谐运动，在表征它的运动的下述物理量中，不变的是（　　）

A. 回复力　　　B. 加速度　　　C. 速度　　　D. 周期

9. 一弹簧振子，其弹簧的劲度系数为 0.20N/m，振子的质量为 0.10kg，求弹簧振子的振动周期和频率。

第二节　单摆的振动

1. 两个单摆，摆长之比是 4∶1，则它们的周期之比为_____；如果它们的频率之比是 4∶1，则它们的摆长之比为_____。

2. 质量为 100g 的摆球做成的单摆，摆长为 1.568m，则其振动周期为_____s。

3. 一个秒摆（$T=2s$），若要使它的周期变为 1s，下列办法中可行的是（　　）

A. 使单摆的质量减为原来的 1/4　　　B. 使摆角由 4°减为 2°
C. 使摆长减为原来的 1/4　　　D. 使振幅减为原来的 1/4

4. 有一单摆，在摆球通过平衡位置两侧同一水平面上的两点时相同的物理量是（　　）

A. 位移　　B. 速度　　C. 加速度　　D. 动能

5. 济南地区的重力加速度为 979.85cm/s^2，济南的秒摆（$T=2s$）的摆长是多少？

第三节　受迫振动　共振

1. 在达到稳定的振动状态后，物体做受迫振动的频率总是等于_____的频率，而跟其_____频率无关。

2. 物体做受迫振动时，发生共振的条件是_____。

3. 铁道上每根钢轨长 12.6m，车厢及其负载的总质量为 60t，火车速度为 15m/s。若车厢可看作弹簧振子，问弹簧的劲度系数为多少时车厢振动最剧烈？

第四节 机 械 波

1. 有机械振动，必然存在机械波。[　　]
2. 有机械波，必然存在机械振动。[　　]
3. 在介质中传播的波，质点上下振动的一定是横波，质点左右振动的一定是纵波。[　　]
4. 波在传播过程中，（　　）
A. 弹性介质本身随波迁移　　　　B. 只传播波形
C. 传播弹性介质和运动形式　　　D. 传播运动形式和能量

第五节 频率 波长 波速

1. 当波由甲介质进入乙介质时，不发生变化的物理量是（　　）
A. 频率　　　B. 波长　　　C. 波速　　　D. 都不正确

2. 频率为450Hz的声波，在钢轨中的波长为4.30m，则它在钢轨中的传播速度为_____ m/s。

3. 一列波频率为 3.40×10^2 Hz，在甲介质中波速为 3.40×10^2 m/s，则在此介质中的波长为_____m；若进入乙介质后波长变为3.00m，则在乙介质中的波速是_____m/s，频率是_____Hz。

4. 某种声波在空气中的速度为 3.40×10^2 m/s，若它在水中的传播速度为 1.53×10^3 m/s，波长为4.50m，则它在空气中的波长为多少？

自 测 题

一、判断题

1. 做简谐振动的物体在平衡位置时加速度最大。[　　]
2. 弹簧振子的频率由振动系统本身性质决定。[　　]
3. 振幅是描述振动快慢的物理量。[　　]
4. 波动过程就是能量由近及远的传递过程。[　　]
5. 波的传播速度就是波源的振动速度。[　　]

二、填空题

1. 当弹簧振子的振幅增大时，它的周期_____。

2. 在同一地点的两个单摆，同时开始振动，当它们的周期之比为 2：3 时，则摆长之比为_____。

3. 做简谐运动的物体运动到最大位移处时，具有最大值的物理量是_____、_____等。

4. 机械波是_____。

三、选择题

1. 做简谐振动的物体每次通过同一位置时，都具有相同的（　　）

A. 速度　　　　B. 加速度　　　　C. 动能　　　　D. 回复力

2. 做简谐振动的物体，它的（　　）

A. 振幅不随时间变化

B. 所受合外力始终不为零

C. 加速度方向与位移方向可能相同，也可能相反

D. 合外力的方向与加速度的方向一定相反

3. 队伍过桥不能齐步走，这是为了（　　）

A. 避免使桥共振，发生危险　　　B. 减少对桥的压力

C. 使桥受力均匀　　　　　　　　D. 使桥保持平衡，合力等于零

4. 波速、波长、频率的关系式为 $v=\lambda f$，它适用于（　　）

A. 横波　　　　B. 纵波　　　　C. 机械波　　　　D. 一切波

5. 在平静的水面上投下一颗石子，形成的水波向四面八方传开去。在波传播的过程中，下列说法正确的是（　　）

A. 波速不断减小　　B. 波长不断减小　　C. 频率不断减小　　D. 振幅不断减小

四、计算题

1. 有一个弹簧振子，其振动周期为 3.14s，振子的质量为 0.10kg，求弹簧的劲度系数。

2. 在无风的天气里，湖上有条船离岸 100m，船上抛出一只重锚，由抛出点形成水波。一人站在岸上，看到波经过 50s 才到达岸边，且在 5s 内到达岸边的波数为 20 个，求水波的波长。

教材典型习题解答

5-2-2 做单摆实验时,摆长150cm,振动50次所需要时间123s。求实验地点的重力加速度。

已知 $l=150\text{cm}=1.50\text{m}$,$n=50$,$t=123\text{s}$。

求 g。

解 由题意知 $T=\dfrac{t}{n}=\dfrac{123}{50}=2.46$(s)

由 $T=2\pi\sqrt{\dfrac{l}{g}}$ 得

$$g=\frac{4\pi^2 l}{T^2}=\frac{4\times 3.14^2\times 1.50}{2.46^2}\approx 9.775\ (\text{m/s}^2)$$

答:实验地点的重力加速度为 9.775m/s^2。

5-5-4 一声波在空气中的波长为25cm,波速为 $3.4\times 10^2\text{m/s}$。当它传到另一介质时,波长变为79cm,求它在这种介质中的波速。

已知 $\lambda_1=25\text{cm}=0.25\text{m}$,$v_1=3.4\times 10^2\text{m/s}$,$\lambda_2=79\text{cm}=0.79\text{m}$。

求 v_2。

解 声波经过不同介质时,频率保持不变。

由 $v=\lambda f$ 得

$$\frac{v_1}{v_2}=\frac{\lambda_1}{\lambda_2}$$

所以

$$v_2=\frac{v_1\lambda_2}{\lambda_1}=\frac{3.4\times 10^2\times 0.79}{0.25}\approx 1.1\times 10^3\ (\text{m/s})$$

答:声波在另一种介质中的速度为 $1.1\times 10^3\text{m/s}$。

教材复习题解答

一、判断题

1. 振动的物体任何时刻都受回复力的作用。(×)
2. 振幅是描述振动强弱的一个物理量。(√)
3. 单摆的振动周期与摆球的质量无关。(√)
4. 物体做受迫振动时,其频率和它自身的固有频率无关。(√)
5. 波动传播的除了介质的振动状态外,也可将介质的各部分随波一起传播出

去。（×）

二、选择题

1. 有一个弹簧振子，第一次把弹簧压缩 x 后开始振动，第二次把弹簧压缩 $2x$ 后开始振动，这两次振动的周期之比是（C）

   A. 1∶2　　　　B. 2∶1　　　　C. 1∶1　　　　D. 1∶4

2. 下列说法中错误的是（B）

   A. 机械波是机械振动在弹性介质中的传播

   B. 机械波是介质质点沿传播方向迁移的过程

   C. 机械波有横波和纵波之分　　D. 波是能量传播的一种形式

3. 波从甲介质进入乙介质时，不发生变化的物理量是（B）

   A. 波长　　　　B. 频率　　　　C. 波长和周期　　　　D. 波速

4. 有两个单摆，摆长之比为 1∶9，则它们的周期之比为（D）

   A. 9∶1　　　　B. 1∶9　　　　C. 3∶1　　　　D. 1∶3

三、填空题

1. 质量为 m 的物体在回复力 $F=-kx$ 作用下做简谐振动，它振动的频率为 $\dfrac{1}{2\pi}\sqrt{\dfrac{k}{m}}$。

2. 产生机械波的条件有两个，一是要有<u>波源</u>，二是要有<u>弹性介质</u>。

3. 横波的特征是<u>质点的振动方向与波的传播方向互相垂直</u>，纵波的特征是<u>质点的振动方向与波的传播方向在同一直线上</u>。

4. 回复力的方向总是指向<u>平衡位置</u>。

四、计算题

1. 一条河上架着一座铁桥，一个人用锤子敲一下铁桥一端而发出的声音，经过空气和铁桥分别传到桥的另一端时间相差 2.0s。已知空气和钢铁传声的速度分别是 340m/s 和 4900m/s，求铁桥的长度。

   已知　$t_1-t_2=2.0\text{s}$，$v_1=340\text{m/s}$，$v_2=4900\text{m/s}$。

   求　l。

   解　由题意知　　　　　　　$t_1=\dfrac{l}{v_1}$，$t_2=\dfrac{l}{v_2}$

   所以　　　　　　　　　　　　$\dfrac{l}{v_1}-\dfrac{l}{v_2}=2.0$

   即　　　　　　　　　　　　　$\dfrac{l}{340}-\dfrac{l}{4900}=2.0$

   解得　　　　　　　　　　　　$l\approx 731$（m）

   答：铁桥的长度为 731m。

2. 一次海啸中，海浪的速度达到 800km/h，海面振动的周期是 12min，求海浪的波长。

已知　$v=800\text{km/h}=\dfrac{2}{9}\times 10^3\text{m/s}$，$T=12\text{min}=720\text{s}$。

求　λ。

解　由 $v=\dfrac{\lambda}{T}$ 得

$$\lambda=vT=\dfrac{2}{9}\times 10^3\times 720=1.6\times 10^5\text{（m）}$$

答：海浪的波长为 $1.6\times 10^5\text{m}$。

3. 某弹簧振子，在30s内完成84次全振动，求它的振动周期和频率。

已知　$t=30\text{s}$，$n=84$ 次。

求　T，f。

解　由周期的定义得

$$T=\dfrac{t}{n}=\dfrac{30}{84}\approx 0.36\text{（s）}$$

由 $T=\dfrac{1}{f}$ 得

$$f=\dfrac{1}{T}=\dfrac{1}{0.36}\approx 2.8\text{（Hz）}$$

答：弹簧振子的振动周期和频率分别为 0.36s 和 2.8Hz。

第六章 静 电 场

学习目标

1. 理解电荷守恒定律，掌握库仑定律，并能用库仑定律计算在同一直线上不超过三个点电荷之间的静电力。
2. 理解电场和电场线的概念，掌握电场强度的概念，会计算点电荷形成的电场的场强。
3. 掌握电势和电势差的概念，理解等势面的概念，理解电场力做功和电势能变化的关系。掌握匀强电场中电势差与电场强度的关系。
*4. 理解导体处于静电平衡时的性质。
5. 理解电容的概念，会计算平行板电容器的电容。

练 习 题

第一节 电荷 电荷守恒定律

1. 自然界中有正、负两种电荷。[ ]
2. 同种电荷相互排斥，异种电荷相互吸引。[ ]
3. 带电体所带的电量可以是基本电荷的任意倍。[ ]
4. 如果物体失去电子，就带负电。[ ]

第二节 库仑定律

1. 两个带电量不等的小球，它们之间的相互作用力大小相等，方向相反，互相抵消。[ ]
2. 真空中有两个点电荷，它们之间的相互作用力为 F，若保持它们的距离不变，而两个电荷所带的电量分别变为原来的 3 倍，则它们之间的相互作用力为（ ）

    A. $3F$ B. $\dfrac{F}{3}$ C. $9F$ D. $\dfrac{F}{9}$

3. 有两个带有同种电荷的小球，一个带电 4.0×10^{-10} C，另一个带电 2.0×10^{-10} C，

两个电荷间的距离是 0.20m，则相互之间的排斥力为_____N。

4. 有两个完全相同的金属小球，带电量分别为 -8.0×10^{-7}C 和 4.0×10^{-7}C。让它们接触一下，再放在相距 10cm 处，则它们的相互作用力为多大？

5. 甲球带有 4.8×10^{-16}C 的正电荷，乙球带有 3.2×10^{-16}C 的负电荷，放在真空中相距为 10cm 的地方，甲、乙两球的半径远小于 10cm。

(1) 试求两球之间的静电力，并说明是引力还是斥力；

(2) 将两个导体球相互接触一会儿，再放回原处，是斥力还是引力？

第三节　电场　电场强度　电场线

1. 电场线不闭合，但可以相交。[　　]

2. 沿电场线方向，场强一定会越来越小。[　　]

3. 负检验电荷在电场中的受力方向与该点的场强方向相反。[　　]

4. A、B 两点分别放置同种电荷，其合场强为零的点在（　　）

A. A、B 连线上，两点之间　　B. A、B 连线上，B 点外侧

C. A、B 连线上，A 点外侧　　D. A、B 连线的上方或下方

5. 电场中某点不放检验电荷 q_0，在下列关于该点场强的说法中，正确的是（　　）

A. 场强变为零，因为电场力 $F=0$　　　　B. 场强变为无穷大，因为 $q_0=0$

C. 场强不变，因为场强跟检验电荷是否存在无关　D. 无法确定

6. 如图 6-1 所示，电场线上有 A、B 两点，则场强数值较大的点是_____点。

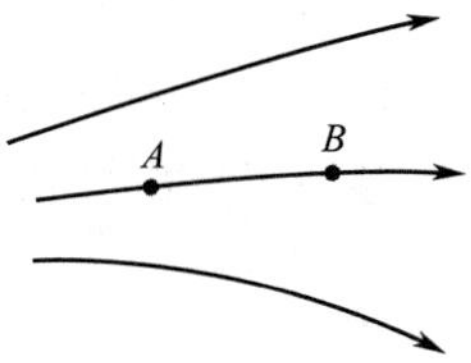

7. 5.0×10^{-8} C 的检验电荷，放在距离形成电场的点电荷 10cm 处，受力为 3.5×10^{-3} N，该点场强大小为_____ N/C，形成电场的电荷为_____C。

图 6-1

8. 在真空中，点电荷 Q 的带电量为 2.0×10^{-7} C，距离 Q 为 0.10m 处的场强大小是多少？如果在该点放一电量为 1.57×10^{-7} C 的电荷 q，则 q 受的电场力为多大？

第四节　电势　电势差

1. 电荷放在电势高的地方，它的电势能一定大。[　　]

2. 电场线的方向是电势降低的方向。[　　]

3. 若规定无限远处电势为零，则正电荷形成的电场中，电势处处为正，负电荷形成的电场中，电势处处为负。[　　]

4. 下列说法中，正确的是（　　）

A. 电场强度为零的地方，电势一定为零

B. 电场强度沿电场线方向减少

C. 沿电场线方向，电势降低，电荷的电势能减少

D. 无论是正电荷还是负电荷，在静电场中沿圆周移动一周，电场力做的功一定为零

5. 电场线上有 A、B 两点，正电荷由 A 点移到 B 点，电场力做负功，则_____点电势较高。

第五节　匀强电场中电势差和场强的关系

1. 根据 $U=Ed$，匀强电场中任意两点间的距离越大，两点间的电势差就越大。[　　]

2. 匀强电场中，电荷沿垂直某一条电场线的直线运动时电场力不做功。[　　]

3. 如图 6-2 所示，两金属板平行放置，板间距离为 100cm，用电压为 100V 的电池组使它们带电，两板间的电势差为多少？两板间的场强为多大？两板间有一点 P，它到上板的距离为 40cm，若下板接地，且规定地球的电势为零，则 P 点的电势为多大？若将一电

子放在 P 点，它在该点具有的电势能为多少？

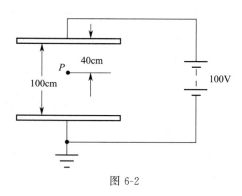

图 6-2

*第六节 静电场中的导体

1. 静电平衡时，导体内部场强处处为零。[　　]
2. 静电平衡时，导体表面上任一点的场强方向和该点处的表面垂直。[　　]
3. 用带正电荷的导体 A 和原来不带电的导体 B 做静电感应实验。如图 6-3 所示，将导体 B 的右端做瞬间接地，然后移去 A，这时 B 将（　　）
   A. 带正电　　　B. 带负电　　　C. 不带电　　　D. 无法确定
4. 如图 6-4 所示，一个空心的绝缘金属球 A 带 $4.0×10^{-6}$ C 的电量，一个绝缘的金属小球 B 带有 $-2.0×10^{-6}$ C 的电量，把 B 球与 A 球的内壁接触，则 A 球、B 球所带的电量依次为 _____ C，_____ C。

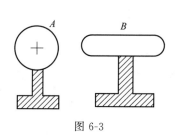

图 6-3

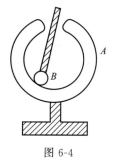

图 6-4

5. 已知验电器带正电荷，当另一带电导体移近它时，箔片张开的角度减小，则此导体带 _____ 电。

第七节 电容器 电容

1. 由公式 $C=\dfrac{Q}{U}$ 可知，电容器的电容和带电量成正比，和电势差成反比。[　　]
2. 电容器的电容和所带电量及外加电压无关。[　　]

3. 将平行板电容器两板间距离缩短，则其电容减小。[ ]

4. 能使平行板电容器的电容增大的方法是（ ）

A. 两极板正对面积减少　　　　　B. 两极板间距增大

C. 插入电介质　　　　　　　　　D. 以上的说法都不正确

5. 平行板电容器充电后与电源断开，保持其电量不变而减小两极板的正对面积，则两极板间的电压 U 和场强 E 的变化情况为（ ）

A. U 和 E 不变　　　　　　　B. U 增大，E 不变

C. U 和 E 减小　　　　　　　D. U 和 E 增大

6. 平行板电容器两极板间距离为 d，两板间的电压 U 保持不变，板间有一正电荷 q，受电场力 F 作用。当两板间距离变为 $\dfrac{d}{2}$ 时，该电荷受电场力为（ ）

A. $\dfrac{F}{2}$　　　　B. F　　　　C. $2F$　　　　D. $4F$

7. 一个平行板电容器，电容为 200pF，充电后两极板间的电压为 100V，电容器的带电量为多少？断开电源后，将两板距离减半，两极板间的电压为多少？

自 测 题

一、判断题

1. 电场线是闭合曲线。[ ]

2. 场强 E 和电势 V 都是描述电场本身性质的物理量。[ ]

3. 电势和电势能都具有相对性，都需要选择零点。[ ]

*4. 静电平衡时，导体内部场强可以不为零。[ ]

5. 电容公式 $C=\dfrac{Q}{U}$ 适用于任何类型的电容器。[ ]

二、填空题

1. 在一正点电荷激发的静电场中的 A 点，放入一正检验电荷 q_0，若 q_0 的电量变为

原来的 $\frac{1}{n}$ 倍，则它受到的电场力变为原来的_____倍，A 点的场强将变为原来的_____倍，A 点的电势将变为原来的_____倍。

2. 一个带电小球，带有 5.0×10^{-9} C 的负电荷。当把它放在电场中某点时，受到方向竖直向下、大小为 2.0×10^{-8} N 的电场力，则该处的场强大小为_____N/C，方向_____。

3. 电场线上有 A、B 两点，静止的负电荷只在电场力作用下将由 A 点移至 B 点，则_____点电势较高。

4. 在电场中有 A、B 两点，A 点的电势为 500V，B 点的电势为 300V，A、B 两点间的电势差为_____V。将电量为 5.0×10^{-9} C 的负电荷从 A 点移到 B 点，电场力做了_____J 的功。

三、选择题

1. 已知点电荷 A 的电量是点电荷 B 的 2 倍，则 A 对 B 作用力的大小跟 B 对 A 作用力的大小的比值为（   ）

   A. 2∶1　　　　B. 1∶2　　　　C. 1∶1　　　　D. 无法确定

2. 电场中有一点 P，下列说法中正确的是（   ）

   A. 若放在 P 点的电荷的电量减半，则 P 点的场强减半

   B. 若 P 点没有检验电荷，则 P 点场强为零

   C. P 点的场强越大，则同一电荷在 P 点受到的电场力越大

   D. P 点的场强方向与放在该点的电荷的受力方向相同

3. 真空中两个等量同号电荷的电量均为 q，相距为 r，两点电荷连线中点处的场强为（   ）

   A. 0　　　　B. $\frac{4kq}{r^2}$　　　　C. $\frac{8kq}{r^2}$　　　　D. $\frac{2kq}{r^2}$

4. 如图 6-5 所示，带箭头的直线是某一电场中的一条电场线，在这条线上有 A、B 两点，用 V_A、V_B 分别表示 A、B 两点的电势，则（   ）

   A. 电场线从 A 指向 B，所以 $V_A<V_B$

   B. A、B 在同一条电场线上，且电场线是直线，所以 $V_A=V_B$

   C. 电场线的方向是电势降低的方向，所以 $V_A>V_B$

   D. 以上说法都不正确

图 6-5

5. 由电容的定义式 $C=\frac{Q}{U}$ 可知（   ）

   A. 电容器所带的电荷量越多，它的电容就越大

   B. 电容器不带电时，它的电容为零

   C. 电容器两极板间电压越高，它的电容越小

   D. 电容器电容的大小与电容器带电量无关

四、计算题

在图 6-6 所示的匀强电场中，有 A、B 点，已知 $V_A=40\text{V}$，$V_B=10\text{V}$。

（1）如果 A、B 两点间的距离为 0.10cm，两板间的距离为 0.20cm，求场强是多少？两板间的电势差是多少？

（2）将 $q=-2.0\times10^{-7}\text{C}$ 的点电荷从 B 点移到 A 点的过程中，电场力做了多少功？电荷的电势能变化了多少？

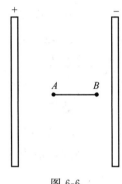

图 6-6

教材典型习题解答

6-3-3 在真空中一个 $3.0\times10^{-8}\text{C}$ 的点电荷，受电场力是 $2.7\times10^{-3}\text{N}$，求该点场强的大小。一个电量为 $6.0\times10^{-8}\text{C}$ 的点电荷，在该点受到的电场力多大？

已知 $q=3.0\times10^{-8}\text{C}$，$F=2.7\times10^{-3}\text{N}$，$q'=6.0\times10^{-8}\text{C}$。

求 E，F'。

解 由 $E=\dfrac{F}{q}$ 得

$$E=\dfrac{2.7\times10^{-3}}{3.0\times10^{-8}}=9.0\times10^4 \text{ (N/C)}$$

$$F'=q'E=6.0\times10^{-8}\times9.0\times10^4=5.4\times10^{-3} \text{ (N)}$$

答：该点场强的大小为 $9.0\times10^4\text{N/C}$，在该点受到的电场力为 $5.4\times10^{-3}\text{N}$。

6-4-4 电量分别为 q_1 为 $1.6\times10^{-19}\text{C}$ 和 q_2 为 $-1.6\times10^{-19}\text{C}$ 的两个点电荷，处在电场中 a、b 两点，它们的电势能分别为 $4.8\times10^{-17}\text{J}$ 和 $-1.2\times10^{-17}\text{J}$，问 a、b 两点电势差 U_{ab} 是多少？b、a 两点电势差 U_{ba} 又是多少？

已知 $q_1=1.6\times10^{-19}\text{C}$，$q_2=-1.6\times10^{-19}\text{C}$，$E_{pa}=4.8\times10^{-17}\text{J}$，$E_{pb}=-1.2\times10^{-17}\text{J}$。

求 U_{ab}，U_{ba}。

解 由 $V=\dfrac{E_p}{q}$ 得

$$V_a=\dfrac{E_{pa}}{q_1}=\dfrac{4.8\times10^{-17}}{1.6\times10^{-19}}=300 \text{（V）}$$

$$V_b=\dfrac{E_{pb}}{q_2}=\dfrac{-1.2\times10^{-17}}{-1.6\times10^{-19}}=75 \text{（V）}$$

因为 $U_{ab}=V_a-V_b$，所以

$$U_{ab}=300-75=225 \text{（V）}$$

因为 $U_{ab}=-U_{ba}$，所以

$$U_{ba}=-225 \text{（V）}$$

答：a、b 两点电势差 U_{ab} 是 225V，b、a 两点电势差 U_{ba} 是 -225V。

6-4-5 把一个电量为 1×10^{-5}C 的正电荷从电场中 a 点移到 b 点，反抗电场力所做的功是 6×10^{-5}J，求 a、b 两点电势差 U_{ab} 是多少？哪一点电势高？

已知 $q=1\times10^{-5}$C，$W_{ab}=-6\times10^{-5}$J。

求 U_{ab}。

解 由 $U_{ab}=\dfrac{W_{ab}}{q}$ 得

$$U_{ab}=\dfrac{-6\times10^{-5}}{1\times10^{-5}}=-6 \text{（V）}$$

因为 $U_{ab}=V_a-V_b<0$，所以 $V_a<V_b$，即 b 点电势高

答：a、b 两点电势差 U_{ab} 是 -6V，b 点电势高。

6-5-2 一个电子在匀强电场中的 A 点受到 8.0×10^{-13}N 的电场力作用，问该点的场强是多少？如果电子在电场力作用下沿电场力方向运动到距 A 点 1.0cm 的 B 点，那么 A、B 两点间的电势差 U_{AB} 是多少？

已知 $q=-1.6\times10^{-19}$C，$F=8.0\times10^{-13}$N，$s=1.0$cm$=1.0\times10^{-2}$m。

求 E，U_{AB}。

解 由 $E=\dfrac{F}{q}$ 得

$$E=\dfrac{8.0\times10^{-13}}{|-1.6\times10^{-19}|}=5.0\times10^{6} \text{（N/C）}$$

由 $W=Fs\cos\alpha$ 得

$$W_{AB}=8.0\times10^{-13}\times1.0\times10^{-2}\times\cos0°=8.0\times10^{-15} \text{（J）}$$

由 $U_{AB}=\dfrac{W_{AB}}{q}$ 得

$$U_{AB}=\dfrac{8.0\times10^{-15}}{-1.6\times10^{-19}}=-5.0\times10^{4} \text{（V）}$$

答：A 点的场强大小为 5.0×10^{6}N/C，A、B 两点间的电势差 U_{AB} 为 -5.0×10^{4}V。

6-7-5 电容为 300pF 的平行板电容器，两板相距 1.0cm，使它带有 6.0×10^{-7}C 电荷时，求：

(1) 两极板间的电势差；

(2) 两极板间的电场强度。

已知 $C=300\text{pF}=3.00\times10^{-10}\text{F}$，$d=1.0\text{cm}=1.0\times10^{-2}\text{m}$，$Q=6.0\times10^{-7}\text{C}$。

求 (1) U；(2) E。

解 (1) 由 $C=\dfrac{Q}{U}$ 得

$$U=\dfrac{Q}{C}=\dfrac{6.0\times10^{-7}}{3.00\times10^{-10}}=2.0\times10^{3}\ (\text{V})$$

由 $E=\dfrac{U}{d}$ 得

$$E=\dfrac{2.0\times10^{3}}{1.0\times10^{-2}}=2.0\times10^{5}\ (\text{V/m})$$

答：(1) 两极板间的电势差为 2.0×10^{-3}V；(2) 两极板间的电场强度为 2.0×10^{5}V/m。

教材复习题解答

一、判断题

1. 带电体所带电量是基本电荷的整数倍。（✓）

2. A、B 两个带电小球，其电量 $Q_A=9Q_B$，则 A 球受的静电力是 B 球的 9 倍。（×）

3. 公式 $E=\dfrac{U}{d}$ 可用于点电荷形成电场的场强的计算。（×）

4. 电场强度大的地方，电荷的电势能一定大。（×）

*5. 静电平衡时，导体表面上各点电势相等。（✓）

二、选择题

1. 两个点电荷间的作用力为 F，距离为 r，要使它们之间的作用力变为 $\dfrac{F}{2}$，它们之间的距离应变为（ C ）

A. $2r$ B. $\dfrac{r}{2}$ C. $\sqrt{2}r$ D. $\dfrac{r}{\sqrt{2}}$

2. 真空中两个等量异号电荷的电量均为 q，相距为 r，两点电荷连线中点处的场强为（ C ）

A. 0   B. $\dfrac{4kq}{r^2}$ C. $\dfrac{8kq}{r^2}$ D. $\dfrac{2kq}{r^2}$

3. 如图 6-7 所示的电场中有 A、B 两点，则对 A、B 两点的场强和电势表达正确的

是（C）

A. $E_A > E_B$；$V_A > V_B$ B. $E_A > E_B$；$V_A < V_B$

C. $E_A < E_B$；$V_A > V_B$ D. $E_A < E_B$；$V_A < V_B$

4. 一电容器充电后与电源断开。当增大两极板间距离时，电容器所带电量 Q、电容 C、两极板间电压 U 的变化情况是（C）

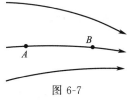

图 6-7

A. Q 变小，C 不变，U 不变   B. Q 变小，C 变小，U 不变

C. Q 不变，C 变小，U 变大   D. Q 不变，C 变小，U 变小

三、填空题

1. 有两个带有异种电荷的小球，一个带电 2.0×10^{-10} C，另一个带电 -3.0×10^{-10} C，两个电荷间的距离是 0.30m，则相互之间的吸引力为 $\underline{6.0 \times 10^{-9}}$ N。

2. 电场强度的方向与该点<u>正</u>检验电荷受力方向一致，但场强本身却与检验电荷<u>无关</u>。

3. 电势差又叫<u>电压</u>，$U_{ab} = \underline{-U_{ba}}$。

4. 电场力做正功，电荷的电势能<u>减少</u>；电场力做负功，电荷的电势能<u>增加</u>。

5. 匀强电场是指各点场强<u>大小相等</u>，<u>方向相同</u>的电场。

6. 若平行板电容器一直与电源保持相连，当电容变化时，<u>电势差</u>不变；若充电后切断电源，当电容变化时，<u>电量</u>不变。

7. 在点电荷形成的电场中，离电荷越近处，场强越<u>大</u>，越远处，场强越<u>小</u>，在无限远处场强变为<u>零</u>。

四、计算题

1. 距离带电量为 1.6×10^{-10} C 的点电荷 3.0cm 的一点 A 的场强是多大？如果在 A 点放一个质子，则质子受到的电场力为多大？

已知 $Q = 1.6 \times 10^{-10}$ C，$r = 3.0$cm $= 3.0 \times 10^{-2}$ m，$q = 1.6 \times 10^{-19}$ C。

求 E，F。

解 由 $E = k\dfrac{Q}{r^2}$ 得

$$E = 9 \times 10^9 \times \frac{1.6 \times 10^{-10}}{(3.0 \times 10^{-2})^2} = 1.6 \times 10^3 \text{ (N/C)}$$

由 $E = \dfrac{F}{q}$ 得

$F = qE = 1.6 \times 10^{-19} \times 1.6 \times 10^3 \approx 2.6 \times 10^{-16}$ （N）

答：Q 在 A 点产生的场强大小为 1.6×10^3 N/C；质子在 A 点受到的电场力大小为 2.6×10^{-16} N。

2. 将一电量为 1.7×10^{-8} C 的点电荷从电场中的 A 点移到 B 点，克服电场力做功 5.1×10^{-8} J，问 A、B 两点间的电势差是多少？设 B 点电势为零，问 A 点电势多大？

已知 $q = 1.7 \times 10^{-8}$ C，$W_{AB} = -5.1 \times 10^{-8}$ J，$V_B = 0$

求 U_{AB}，V_A。

解 由 $U_{AB} = \dfrac{W_{AB}}{q}$ 得

$$U_{AB} = \dfrac{-5.1 \times 10^{-8}}{1.7 \times 10^{-8}} = -3.0 \text{ (V)}$$

由 $U_{AB} = V_A - V_B$ 得

$$V_A = U_{AB} + V_B = -3.0 \text{ (V)}$$

答：A、B 两点间的电势差为 -3.0V。若 B 点的电势为零，则 A 点的电势为 -3.0V。

3. 真空中，两块面积为 0.010m^2 的平行金属板，板间距离为 0.010m，板上带电量为 $1 \times 10^{-6}\text{C}$，试求：

(1) 平行板电容器的电容；

(2) 两板间的电势差；

(3) 两板间的场强大小；

(4) 作用在置于两板间的电子上的力的大小。

已知 $S = 0.010\text{m}^2$，$d = 0.010\text{m}$，$Q = 1.0 \times 10^{-6}\text{C}$，$\varepsilon_r = 1$，$q = -1.6 \times 10^{-19}\text{C}$。

求 (1) C；(2) U；(3) E；(4) F。

解 (1) 由 $C = \varepsilon_0 \varepsilon_r \dfrac{S}{d}$ 得

$$C = 8.9 \times 10^{-12} \times 1 \times \dfrac{0.010}{0.010} = 8.9 \times 10^{-12} \text{ (F)}$$

(2) 由 $C = \dfrac{Q}{U}$ 得

$$U = \dfrac{Q}{C} = \dfrac{1.0 \times 10^{-6}}{8.9 \times 10^{-12}} \approx 1.1 \times 10^5 \text{ (V)}$$

(3) 由 $E = \dfrac{U}{d}$ 得

$$E = \dfrac{1.1 \times 10^5}{0.010} = 1.1 \times 10^7 \text{ (V/m)}$$

(4) 由 $F = qE$ 得

$$F = |-1.6 \times 10^{-19}| \times 1.1 \times 10^7 \approx 1.8 \times 10^{-12} \text{ (N)}$$

答：(1) 平行板电容器的电容是 $8.9 \times 10^{-12}\text{F}$；(2) 两板间的电势差是 $1.1 \times 10^5\text{V}$；(3) 两板间的场强大小为 $1.1 \times 10^7\text{V/m}$；(4) 作用在置于两板间的电子上的力的大小是 $1.8 \times 10^{-12}\text{N}$。

第七章 恒定电流

学习目标

1. 掌握电流、电压、电阻、电功、电功率的概念。
2. 掌握欧姆定律，并能熟练求解串、并联电路问题，会计算不超过四个电阻的混联电路问题。
3. 能熟练应用焦耳定律。
4. 理解电动势的概念，理解电源的内电阻，掌握闭合电路欧姆定律。
*5. 掌握相同电池串联和并联的特点，并会进行简单的计算。

练 习 题

第一节 电 流

1. 如果电流由电子的定向移动所形成，则电子移动的方向与电流的方向相反。[　　]

2. 恒定电流是指大小和方向都不随时间改变的电流。[　　]

3. 电流强度是表示电流强弱的物理量。[　　]

4. 3min 内通过某导体横截面的电量为 90C，则通过该导体的电流为多大？

5. 导线中的电流是 1.0×10^{-3}A，求 1s 内通过导线横截面的电子数。

第二节　欧姆定律　电阻定律

1. 加在导体两端的电压和其电阻成正比。[　　]
2. 通过导体的电流强度越大，其电阻越小。[　　]
3. 由 $R=\dfrac{U}{I}$ 知，导线的电阻取决于加在这段导线两端的电压和通过这段导线的电流强度。[　　]
4. 金属导体的电阻率随温度的升高而增大。[　　]
5. 某电阻的伏安特性曲线如图 7-1 所示，这个电阻为（　　）

A. 0.5Ω　　B. 1Ω　　C. 2Ω　　D. 都不正确

6. 在电阻为 10Ω 的导线中，通过的电流为 $0.5A$，则导线两端的电压为多大？

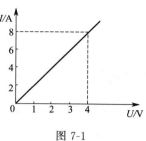

图 7-1

7. 一根长为 10km，横截面积为 $0.010cm^2$ 的铁丝，其电阻为多大？（铁的电阻率为 $9.8\times10^{-8}\Omega\cdot m$）

第三节　电阻的连接

1. 如图 7-2 所示，若 $R_2=100\Omega$，$R_4=100\Omega$，$U_{AC}=150V$，$U_{BD}=70V$，则 U_{AE} 为 _____ V。

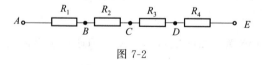

图 7-2

*2. 在图 7-3 中，所有电阻都是 6Ω，则 AB、CD、EF 间的总电阻依次为 _____ Ω、_____ Ω、_____ Ω。

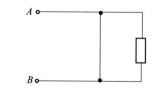 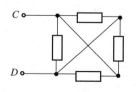 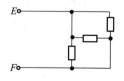

图 7-3

3. 用一电阻 R 与 700Ω 的电阻并联，致使总电阻减为 R 值的 $\frac{1}{3}$，R 的值为多少？

第四节　电功　电功率

1. 电流通过电阻时的电功率可用公式 $P=I^2R$ 或 $P=\dfrac{U^2}{R}$ 计算，但是前者 P 和 R 成正比，后者 P 和 R 成反比，所以这两个公式相互矛盾。[　　]

2. 公式 $W=\dfrac{U^2}{R}t$ 和 $P=\dfrac{U^2}{R}$ 只适用于纯电阻电路。[　　]

*3. 如图 7-4 所示，A、B、C、D 是四个相同的小灯泡，在 K、L 两端接上适当的电压。若认为灯泡电阻不变，且实际功率较大的灯泡较亮，则（　　）

A. C 比 D 亮　　　B. A 比 C 亮　　　C. A 和 B 一样亮　　　D. A 和 C 一样亮

4. 如图 7-5 所示，A、B、C 三盏灯消耗的电功率一样，则 A、B、C 三盏灯的电阻之比 $R_A:R_B:R_C$ 是（　　）

A. 1:1:1　　　B. 4:1:1　　　C. 1:4:4　　　D. 1:2:2

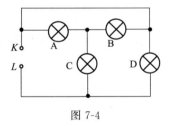

图 7-4

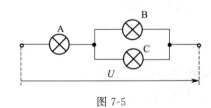

图 7-5

5. 把 220V、15W 和 220V、60W 的两只灯泡串联后接入 220V 的电路中，它们的实际功率各是多少？（假定灯泡电阻不变）

6. 某灯泡标有 220V、××W，其中瓦数已看不清，当灯泡接在 220V 的电源上发亮后，测量得灯泡的电流为 0.273A，求灯泡的功率和灯泡正常发光时灯丝的电阻。

第五节　闭合电路欧姆定律

1. 电动势是表示电源特性的物理量。[　　]

2. 电路闭合时，电源电动势等于内电压和外电压之和。[　　]

3. 外电路发生短路时，闭合电路的总电阻只有内电路呈现的电阻，外电路的电压为零。[　　]

4. 如图 7-6 所示，下列说法中正确的是（　　）

A. 在内电路中只有非静电力做功，外电路只有电场力做功，而且非静电力做的功等于电场力做的功

B. 在内电路中只有非静电力做功，在外电路中既有电场力做功，也有非静电力做功

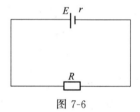

图 7-6

C. 在内电路中只有其他能转化为电能，在外电路中只有电能转化成内能，在能量转化过程中，总能量是守恒的

D. 在内电路中有其他能转化为电能，也有电能转化成内能，在外电路中只有电能转化成内能，在能量转化过程中，总能量是守恒的

5. 电动势在数值上等于（　　）

A. 外电路的电压

B. 非静电力把单位正电荷经内电路从负极移送到正极所做的功

C. 非静电力把正电荷经电源内部从负极移送到正极所做的功

D. 非静电力把正电荷从正极移送到负极所做的功与被移送电荷的电量的比值

6. 如图 7-7 所示，r 为电源的内电阻，当 $R_1=R_2=r$ 时，三者功率的比 $P_1:P_2:P_r=$ 。

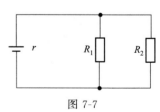

图 7-7

7. 如图 7-8 所示，R 为 0.80Ω，当开关 S 断开时，电压表的示数为 1.5V；当开关 S 闭合时，电压表的示数为 1.2V。则电源的内电阻为多大？

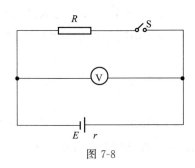

图 7-8

*8. 如图 7-9 所示，电阻 R_1 为 4Ω，R_2 为 6Ω，电源的内电阻为 0.6Ω，电源的输出功率为 37.6W，电路消耗的总功率为 40W，求：

（1）路端电压 U；

（2）电源的电动势 E；

（3）电阻 R_3。

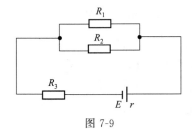

图 7-9

*第六节　相同电池的连接

1. 把 n 个相同的电池分别以串联、并联形式组合起来，并对一个定电阻 R 分别供电，要使串联电池组和并联电池组分别通过 R 的电流相等，则每个电池的内电阻 r 应是（　　）

  A. $\sqrt{n}\,R$　　　B. $\dfrac{R}{n}$　　　C. nR　　　D. R

2. 如图 7-10 所示，两个相同的电池并联起来组成电池组，每个电池的电动势为 2.2V，内电阻为 0.20Ω，$R_1=1.0\Omega$，$R_2=3.3\Omega$，则电压表的示数为多少？

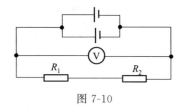

图 7-10

3. 4 个相同的电池如图 7-11 所示连接，每个电池的电动势是 2.0V，内电阻是 0.30Ω，其中 $R_1=R_2=R_3=R$，如果通过 R_1 的电流为 0.20A，那么 R_1 是多大？通过每个电池的电流为多少？

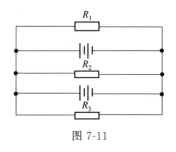

图 7-11

4. 如图 7-12 所示，由 8 个相同的蓄电池组成一个电池组，每个蓄电池的电动势为 2.0V，内电阻为 0.10Ω，滑动变阻器的最大值为 5.0Ω。

（1）当滑动变阻器保持最大值接通电路时，电压表的示数为 7.8V，求此时电流表的示数。

（2）灯泡的电阻 R 为多少？

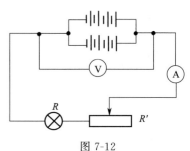

图 7-12

自 测 题

一、判断题

1. 对一段金属导体来说，它两端的电压和通过这段导体的电流的比值是一个恒量。[ ]
2. 金属导体的电阻率不仅和导体材料有关，而且和导体温度有关。[ ]
3. 扩大电压表量程是在电压表上并联一个电阻。[ ]
4. 电流做功就是将电能转化为其他形式的能的过程。[ ]
5. 外电路断开时，路端电压为零。[ ]

二、填空题

1. 一根金属导线的两端加 8V 电压，通过它的电流是 2A，则它的电阻是_____Ω。在 5s 内，有_____C 的电量通过导线的横截面。

2. 甲、乙两条导线由同种材料组成，它们的长度之比为 1∶4，横截面积之比为 2∶1，则甲、乙两条导线的电阻之比是_____。

3. 有一个量程为 10mA，内阻为 27Ω 的电流表，现在要把它的量程扩大到 100mA，应_____联一个_____Ω 的电阻。

4. 如图 7-13 所示，A、B、C 为三个完全相同的灯泡，U_A 为灯 A 的电压，U_C 为灯 C 的电压。当开关 S 断开时，U_A 与 U_C 之比为_____；当开关 S 闭合时，U_A 与 U_C 之比为_____，灯泡 A 和 C 消耗的功率之比为_____。

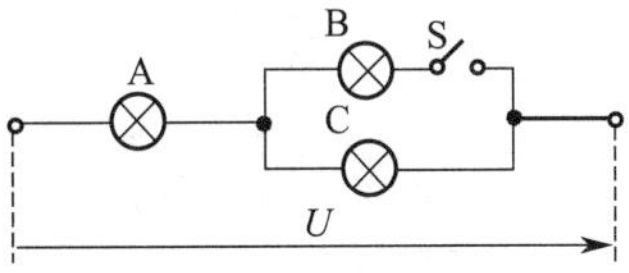

图 7-13

*5. 有 4 个相同的电池，每个电池的电动势为 1.5V，内阻为 0.2Ω。当它们全部串联时，电池组的电动势为_____V，内电阻为_____Ω；当它们全部并联时，电池组的电动势为_____V，内电阻为_____Ω。

三、选择题

1. 关于电流的方向，下列叙述中正确的是（　　）
   A. 金属导体中电流的方向就是自由电子定向移动的方向
   B. 在电解质溶液中有自由的正离子和负离子，电流方向不能确定
   C. 不论何种导体，电流的方向规定为正电荷定向移动的方向
   D. 电流的方向有时与正电荷定向移动的方向相同，有时与负电荷定向移动的方向相同

2. 一台直流电动机的额定电压是 U，额定功率是 P，电动机内电枢导线的电阻为 R，那么它正常工作时的电流是（　　）
   A. 等于 U/R　　B. 等于 P/U　　C. 大于 U/R　　D. 大于 P/U

3. 计算任何类型的用电器的电功率，都适用的公式是（　　）
   A. $P=I^2R$　　B. $P=\dfrac{U^2}{R}$　　C. $P=UI$　　D. 以上三个公式都适用

4. 关于电动势，下列说法中错误的是（   ）

A. 电源两极间的电压等于电源电动势

B. 电动势越大的电源，将其他形式的能转化为电能的本领越大

C. 电源电动势的数值等于内电压和外电压之和

D. 电源电动势与外电路的组成无关

5. 有两个阻值均为 R 的电阻，串联后或者并联后接到某电源上。已知串联时通过每个电阻的电流是并联时通过每个电阻电流的 $\frac{2}{3}$，则电源的内阻是（   ）

A. R　　B. $\frac{R}{2}$　　C. $\frac{R}{4}$　　D. $\frac{R}{8}$

四、计算题

1. 如图 7-14 所示，$R_1=10\Omega$，$R=5.0\Omega$，如果 A、B 两点的电压保持 150V 不变，在开关 S 闭合前和闭合后，总电流相差 5.0A，求 R_2。

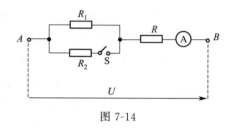

图 7-14

2. 如图 7-15 所示，电阻 $R_1=9\Omega$，$R_2=15\Omega$，电源的电动势 $E=12$V，内电阻 $r=1\Omega$，安培表的读数 $I=0.4$A。求电阻 R_3 的阻值和它消耗的电功率。

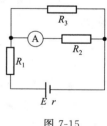

图 7-15

教材典型习题解答

7-2-4 有一条铜导线,长300m,横截面是12.75mm^2,如果导线两端加上8.0V电压,求这条导线中通过的电流(铜的电阻率为$1.7\times10^{-8}\Omega\cdot m$)。

已知 $L=300m$, $S=12.75mm^2=1.275\times10^{-5}m^2$, $\rho=1.7\times10^{-8}\Omega\cdot m$, $U=8.0V$。

求 I。

解 由 $R=\rho\dfrac{L}{S}$ 得

$$R=1.7\times10^{-8}\times\frac{300}{1.275\times10^{-5}}=0.40 \text{ (}\Omega\text{)}$$

由 $I=\dfrac{U}{R}$ 得

$$I=\frac{8.0}{0.40}=20 \text{ (A)}$$

答:这条导线中通过的电流为20A。

7-3-1 如图7-16所示,已知$U=30V$,$R_2=10\Omega$,$R_3=30\Omega$,通过R_2的电流为0.6A,求:

(1) 各电阻上的电压;
(2) 通过R_1和R_3的电流;
(3) 电阻R_1。

已知 $U=30V$, $R_2=10\Omega$, $R_3=30\Omega$, $I_2=0.6A$。

求 (1) U_1, U_2, U_3;(2) I_1, I_3;(3) R_1。

解 由题意知:电阻R_2和R_3并联后,再与R_1串联。

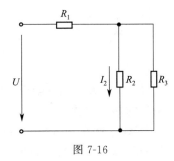

图7-16

(1) 由 $I=\dfrac{U}{R}$ 得

$$U_2=U_3=I_2R_2=0.6\times10=6 \text{ (V)}$$

由 $U=U_1+U_2$ 得

$$U_1=U-U_2=30-6=24 \text{ (V)}$$

(2) $I_3=\dfrac{U_3}{R_3}=\dfrac{6}{30}=0.2$ (A)

由 $I_1=I_2+I_3$ 得

$$I_1=0.6+0.2=0.8 \text{ (A)}$$

(3) $R_1 = \dfrac{U_1}{I_1} = \dfrac{24}{0.8} = 30$ （Ω）

答：(1) 电阻 R_1、R_2 和 R_3 上的电压分别为 24V、6V、6V；(2) 通过 R_1 和 R_3 的电流分别为 0.8A 和 0.2A；(3) 电阻 R_1 为 30Ω。

7-4-3 如图 7-17 所示，$R_1 = 4\Omega$，$R_2 = 3\Omega$，$R_3 = 6\Omega$，$U = 12\text{V}$，求：

(1) R_1 中的电流；

(2) R_2 和 R_3 中的电流之比；

(3) R_2 和 R_3 上所消耗的功率之比。

已知　$R_1 = 4\Omega$，$R_2 = 3\Omega$，$R_3 = 6\Omega$，$U = 12\text{V}$。

求　(1) I_1；(2) $\dfrac{I_2}{I_3}$；(3) $\dfrac{P_2}{P_3}$。

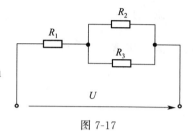

图 7-17

解　由题意知：电阻 R_2 和 R_3 并联后，再与 R_1 串联。

(1) $R = R_1 + \dfrac{R_2 R_3}{R_2 + R_3} = 4 + \dfrac{3 \times 6}{3 + 6} = 6$ （Ω）

由 $I = \dfrac{U}{R}$ 得

$$I_1 = \dfrac{12}{6} = 2 \text{ (A)}$$

(2) 因为 $U_2 = U_3$，即 $I_2 R_2 = I_3 R_3$，所以

$$\dfrac{I_2}{I_3} = \dfrac{R_3}{R_2} = \dfrac{6}{3} = \dfrac{2}{1}$$

(3) 由 $P = \dfrac{U^2}{R}$ 和 $U_2 = U_3$ 知 $P_2 R_2 = P_3 R_3$，所以

$$\dfrac{P_2}{P_3} = \dfrac{R_3}{R_2} = \dfrac{6}{3} = \dfrac{2}{1}$$

答：(1) R_1 中的电流为 2A；(2) R_2 和 R_3 中的电流之比是 2∶1；(3) R_2 和 R_3 上所消耗的功率之比是 2∶1。

7-5-4 如图 7-18 所示的电路，可以测出电源的电动势和内电阻。当变阻器的滑动端在某一位置时，安培计和伏特计的读数分别是 0.2A 和 1.8V；改变变阻器滑动端的位置后，两表的读数分别为 0.4A 和 1.6V。求电源的电动势和内电阻。

已知　$I_1 = 0.2\text{A}$，$U_1 = 1.8\text{V}$，$I_2 = 0.4\text{A}$，$U_2 = 1.6\text{V}$。

求　E，r。

解　由 $E = U + Ir$ 得

$$\begin{cases} E = U_1 + I_1 r \\ E = U_2 + I_2 r \end{cases}$$

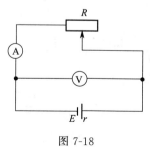

图 7-18

从上两式中消去 E，可得 $U_1 + I_1 r = U_2 + I_2 r$，整理得

$$r = \dfrac{U_1 - U_2}{I_2 - I_1} = \dfrac{1.8 - 1.6}{0.4 - 0.2} = 1 \text{ (Ω)}$$

$$E = U_1 + I_1 r = 1.8 + 0.2 \times 1.0 = 2 \text{ (V)}$$

答：电源的电动势为2V，内电阻为1Ω。

7-5-6 如图7-19所示，电源的电动势 $E=16\text{V}$，内阻 $r=1\Omega$，外电路中 $R_1=5\Omega$，$R_2=2\Omega$，求：

(1) 电源的总功率；
(2) 电源的输出功率；
(3) 消耗在各电阻上的热功率。

已知　$E=16\text{V}$，$r=1\Omega$，$R_1=5\Omega$，$R_2=2\Omega$。

求　(1) P；(2) $P_{出}$；(3) P_1，P_2，P_r。

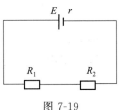

图 7-19

解　由题意知，外电阻 R 由 R_1 和 R_2 串联而成，即

$$R = R_1 + R_2 = 5 + 2 = 7 \text{ (}\Omega\text{)}$$

由 $I = \dfrac{E}{R+r}$ 得

$$I = \frac{16}{7+1} = 2 \text{ (A)}$$

(1) 由 $P = IE$ 得

$$P = 2 \times 16 = 32 \text{ (W)}$$

(2) 由 $P = I^2 R$ 得

$$P_{出} = 2^2 \times 7 = 28 \text{ (W)}$$

(3) 消耗在各电阻上的热功率分别为

$$P_1 = I^2 R_1 = 2^2 \times 5 = 20 \text{ (W)}$$
$$P_2 = I^2 R_2 = 2^2 \times 2 = 8 \text{ (W)}$$
$$P_r = I^2 r = 2^2 \times 1 = 4 \text{ (W)}$$

答：(1) 电源的总功率为32W；(2) 电源的输出功率为28W；(3) 消耗在电阻 R_1、R_2 和内阻 r 上的功率分别为20W、8W和4W。

*7-6-2　由两个相同电池（单个电池的电动势是2V，内阻是0.4Ω）并联而成的电池组，与0.8Ω的外电阻连接在一起，求电路里的电流。

已知　$E=2\text{V}$，$r=0.4\Omega$，$n=2$，$R=0.8\Omega$。

求　I。

解　由 $I = \dfrac{E}{R+\dfrac{r}{n}}$ 得

$$I = \frac{2}{0.8 + \dfrac{0.4}{2}} = 2 \text{ (A)}$$

答：电路中的电流为2A。

*7-6-3　要使相同电池（单个电池的电动势是2V，内阻是0.2Ω）串联而成的电池组的路端电压为19V，外电路的电流为0.5A，需用几个电池串联？

已知　$E=2\text{V}$，$r=0.2\Omega$，$U=19\text{V}$，$I=0.5\text{A}$。

求　n。

解　由 $I = \dfrac{U}{R}$ 得

$$R = \frac{U}{I} = \frac{19}{0.5} = 38 \ (\Omega)$$

由 $I = \dfrac{nE}{R+nr}$ 得

$$0.5 = \frac{2n}{38+0.2n}$$

解方程得 $n = 10$

答：需用 10 个电池串联。

教材复习题解答

一、判断题

1. 导线中的电流由电子的定向移动所形成，所以电子的移动方向为电流的方向。（×）

2. 因为 $R = \dfrac{U}{I}$，所以导线的电阻跟电压成正比，跟电流强度成反比。（×）

3. 并联电路的总电阻要小于参与并联的每一个电阻。（√）

4. 路端电压随外电阻的增大而增大，随其减小而减小。（√）

*5. 如果要得到高电压，需使用串联电池组；如需要向外电路供给较大电流，则用并联电池组。（√）

二、选择题

1. 5Ω、10Ω 和 20Ω 的电阻适当组合后，得到的最小电阻 R 是（C）
   A. 5Ω<R<10Ω   B. 10Ω<R<15Ω   C. R<5Ω   D. 15Ω<R<20Ω

2. 已知金属电器 A 的电阻是 B 的电阻的 2 倍，加在 A 上的电压是加在 B 上的电压的一半，那么通过 A 和 B 的电流 I_A 和 I_B 的关系是（D）
   A. $I_A = 2I_B$ B. $I_A = \dfrac{I_B}{2}$ C. $I_A = 4I_B$ D. $I_A = \dfrac{I_B}{4}$

3. 有一个标有"220V，40W"的灯泡，下面说法中正确的是（B）
   A. 正常工作时的电流是 5.5A   B. 电阻是 1210Ω
   C. 只要通电，电功率就是 40W   D. 只要通电，电压就是 220V

*4. 如图 7-20 所示，R_2 是变阻器，灯泡电阻为 R_1，电源电动势为 E、内阻为 r，当变阻器的电阻减小时，电灯的亮度将（B）
   A. 变亮   B. 变暗   C. 不变   D. 无法确定

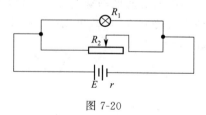

图 7-20

5. 有 a、b、c、d 四只电阻，它们的伏安特性曲线如图 7-21 所示，则图中电阻最大的是（ D ）

A. a　　B. b　　C. c　　D. d

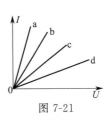

图 7-21

三、填空题

1. 串联电路具有分压作用，并联电路具有分流作用。

2. 电源输出功率最大的条件是 $R=r$，最大值为 $\dfrac{E^2}{4r}$（或 $\dfrac{E^2}{4R}$）。

3. 一根导线对折后，电阻是原来的 $\dfrac{1}{4}$，若拉至原长的 2 倍，则电阻为原来的 4 倍。

4. 对于纯电阻电路，电路中产生的热量 Q 和电功 W 的关系是 $Q=W$；对于非纯电阻电路，二者的关系是 $Q<W$。

5. 1kW·h 又称为 1 度，它等于 $3.6×10^6$ J。

6. 人体通过 50mA 的电流时，就会引起呼吸器官麻痹。如果人体的最小电阻是 800Ω，则人体的安全电压是 40V。

7. 一电源电动势是 1.5V，其内阻为 0.5Ω，则其断路电压是 1.5V，短路电流是 3A。

8. 闭合电路中，内电阻为 r，外电路的总电阻为 R，若 R 变大，则内电阻 r 上的电压将减少。

四、计算题

*1. 如图 7-22 所示，$R_1=4Ω$，$R_2=10Ω$，$R_3=12Ω$，$R_4=2Ω$，接在 C、D 间的电阻为 r，问

(1) $r→0$ 时，AB 间的总电阻是多少？

(2) $r→∞$ 时，AB 间的总电阻又是多少

已知　$R_1=4Ω$，$R_2=10Ω$，$R_3=12Ω$，$R_4=2Ω$。

求　R_{AB}。

解　(1) $r→0$ 时，等效电路如图 7-23(a) 所示。

R_1 和 R_3 并联后的电阻

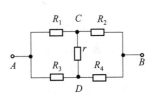

图 7-22

$$R_{13}=\dfrac{R_1 R_3}{R_1+R_3}=\dfrac{4×12}{4+12}=3 \ (Ω)$$

R_2 和 R_4 并联后的电阻

$$R_{24}=\dfrac{R_2 R_4}{R_2+R_4}=\dfrac{10×2}{10+2}=\dfrac{5}{3}≈1.7 \ (Ω)$$

由串联电路的性质得

$$R_{AB}=R_{13}+R_{24}=3+1.7=4.7 \ (Ω)$$

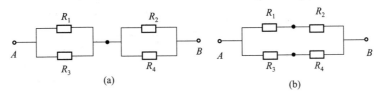

图 7-23

(2) $r \to \infty$ 时，等效电路如图 7-23(b) 所示。

R_1 和 R_2 串联后的电阻
$$R_{12} = R_1 + R_2 = 4 + 10 = 14 \ (\Omega)$$

R_3 和 R_4 串联后的电阻
$$R_{24} = R_3 + R_4 = 12 + 2 = 14 \ (\Omega)$$

由并联电路的性质得
$$R_{AB} = \frac{R_{12} R_{24}}{R_{12} + R_{24}} = \frac{14 \times 14}{14 + 14} = 7 \ (\Omega)$$

答：(1) $r \to 0$ 时，A、B 间的总电阻为 4.7Ω；(2) $r \to \infty$ 时，A、B 间的总电阻为 7Ω。

2. 在图 7-24 所示的电路中，3 个电阻的阻值分别是 $R_1 = 2\Omega$，$R_2 = 4\Omega$，$R_3 = 6\Omega$，求：

(1) 接通开关 S 而断开开关 S_1 时，R_1 与 R_2 两端电压之比和消耗功率之比；

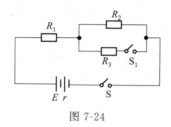

图 7-24

(2) 两个开关都接通时，R_2 与 R_3 所消耗的功率之比；

(3) 两个开关都接通时，通过 R_3 的电流为 0.8A，若电源内阻为 0.6Ω，求电源电动势。

已知 $R_1 = 2\Omega$，$R_2 = 4\Omega$，$R_3 = 6\Omega$，$I_3 = 0.8A$，$r = 0.6\Omega$。

求 (1) $\dfrac{U_1}{U_2}$，$\dfrac{P_1}{P_2}$；(2) $\dfrac{P_2}{P_3}$；(3) E。

解 (1) 接通开关 S 而断开开关 S_1 时，等效电路如图 7-25(a) 所示。

由串联电路的性质得
$$I_1 = I_2$$

所以
$$\frac{U_1}{U_2} = \frac{I_1 R_1}{I_2 R_2} = \frac{R_1}{R_2} = \frac{2}{4} = \frac{1}{2}$$

$$\frac{P_1}{P_2} = \frac{I_1 U_1}{I_2 U_2} = \frac{U_1}{U_2} = \frac{1}{2}$$

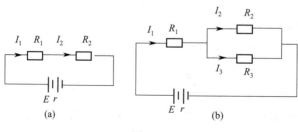

图 7-25

(2) 两个开关都接通时，等效电路如图 7-25(b) 所示。

由并联电路的性质得 $U_2 = U_3$

由 $P = \dfrac{U^2}{R}$ 得

$$\frac{P_2}{P_3} = \frac{\dfrac{U_2^2}{R_2}}{\dfrac{U_3^2}{R_3}} = \frac{R_3}{R_2} = \frac{6}{4} = \frac{3}{2}$$

(3) 如图 7-25(b) 所示。因为 $I_2 R_2 = I_3 R_3$，所以

$$I_2 = \frac{I_3 R_3}{R_2} = \frac{0.8 \times 6}{4} = 1.2 \text{ (A)}$$

由串、并联电路的性质得

$$I_1 = I_2 + I_3 = 1.2 + 0.8 = 2 \text{ (A)}$$

$$R = R_1 + \frac{R_2 R_3}{R_2 + R_3} = 2 + \frac{4 \times 6}{4 + 6} = 4.4 \text{ (Ω)}$$

由闭合电路欧姆定律得

$$E = I_1 R + I_1 r = 2 \times 4.4 + 2 \times 0.6 = 10 \text{ (V)}$$

答：(1) R_1 与 R_2 两端电压之比为 1∶2，消耗功率之比为 1∶2；(2) R_2 与 R_3 所消耗功率之比为 3∶2；(3) 电源电动势为 10V。

3. 一台内阻为 2Ω 的直流电动机，工作时两端电压为 220V，通过的电流为 4A。求：
(1) 电动机从电源处吸收的功率；
(2) 电动机的热功率；
(3) 转化为机械能的功率。

已知 $r = 2Ω$，$U = 220\text{V}$，$I = 4\text{A}$。

求 (1) P；(2) $P_{热}$；(3) $P_{机}$。

解 (1) 电动机从电源处吸收的功率即是电源供给的总功率

$$P = IU = 4 \times 220 = 880 \text{ (W)}$$

(2) 电动机的热功率

$$P_{热} = I^2 r = 4^2 \times 2 = 32 \text{ (W)}$$

(3) 由能量守恒定律得 $P = P_{热} + P_{机}$，所以转化为机械能的功率

$$P_{机} = P - P_{热} = 880 - 32 = 848 \text{ (W)}$$

答：(1) 电动机从电源处吸收的功率为 880W；(2) 电动机的热功率为 32W；(3) 转化为机械能的功率为 848W。

第八章　磁　场

学习目标

1. 理解磁场和磁感应线的概念，理解电流的磁效应，并会运用安培定则。
2. 掌握磁感应强度和磁通量的概念，并能应用它们的定义式进行简单的计算。
3. 掌握匀强磁场对通电直导线的作用规律，理解匀强磁场对通电矩形线圈的作用。
4. 掌握匀强磁场对运动电荷的作用规律。

练　习　题

第一节　磁场　磁感应线

1. 具有_____的物体叫磁体，磁体上_____的部分叫磁极，北磁极用_____表示，南磁极用_____表示。
2. 磁极间有相互作用力，其作用规律是_____。
3. 磁极和磁极间的相互作用力是通过_____来实现的。
4. 在磁场中任一点处，小磁针静止时_____所指的方向即为该点的磁场方向。
5. 磁感应线上每一点的_____与该点的磁场方向一致。

第二节　电流的磁场　安培定则

1. 丹麦物理学家_____用实验证明了电流能产生磁场。
2. 使用安培定则确定直线电流的磁场方向时，应使拇指指向_____；使用安培定则确定通电螺线管的磁场方向时，应使弯曲的四指指向_____。
3. 如图 8-1 所示，由通电螺线管内小磁针的指向，可知电源的右端是_____极，上方小磁针的 N 极应指向_____，左端处小磁针的 N 极应指向_____。

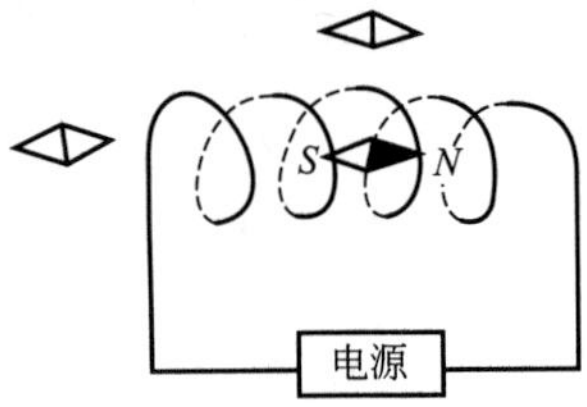

图 8-1

4. 如图 8-2 所示，通电直导线的磁场方向和电流方向之间符合安培定则的图形是（ ）

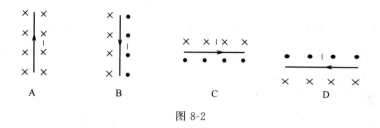

图 8-2

5. 如图 8-3 所示，通电螺线管的磁场方向和电流方向之间符合安培定则的图形是（ ）

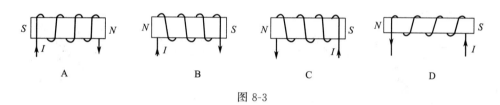

图 8-3

第三节　磁感应强度　磁通量

1. 一小段通电导线在磁场中某点处所受的磁场力为 F，则该点的磁感应强度的大小一定等于磁场力 F 跟该导线中的电流 I 和导线长度 L 的乘积 IL 的比值。〔　　〕

2. 若一小段通电导线在磁场中某点处所受的磁场力为零，则该点处的磁感应强度也一定为零。〔　　〕

3. 若磁场中某点处磁感应强度为零，则放在该点处的一小段通电导线所受的磁场力也一定为零。〔　　〕

4. 当平面与磁场的方向平行时，穿过该平面的磁通量为零。〔　　〕

5. 在匀强磁场中，与磁场方向垂直的通电直导线 5.0cm 长，当导线中通入 0.40A 的电流时，它所受的磁场力为 4.0×10^{-3}N，匀强磁场的磁感应强度为多大？

6. 面积为 0.20m² 的导线环处于匀强磁场中，且环面与磁场方向垂直。若穿过导线环的磁通量为 4.0×10^{-2}Wb，则匀强磁场的磁通密度是多少？

第四节　磁场对通电直导线的作用力

1. 放在匀强磁场中的通电直导线一定受安培力作用。[　　]
2. 当 L 跟 B 不垂直时，F 的方向一定跟 L 垂直，但不一定跟 B 垂直。[　　]
3. 不论 L 跟 B 是否垂直时，F 的方向总是垂直于 B 与 L 所确定的平面。[　　]
4. 通电直导线的电流方向和它所受的安培力的方向如图 8-4 所示，由此可知磁场的方向为（　　）

   A. 水平向右　　B. 水平向左　　C. 竖直向上　　D. 竖直向下

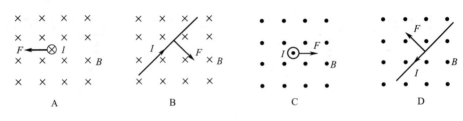

图 8-4

5. 如图 8-5 所示，能正确表达磁场方向、电流方向和安培力方向三者关系的图形是（　　）

图 8-5

6. 在磁感应强度为 2.0T 的匀强磁场中，用两根细线悬挂一长 10cm 的水平金属直导线，导线方向与磁场方向垂直。若在导线中通以大小为 4.0A 的电流，恰使细线上的拉力为零，导线的质量为多大？（g 取 10m/s^2）

第五节　磁场对运动电荷的作用力

1. 静止的电荷在磁场中不受洛伦兹力作用。[　　]
2. 在磁场中运动的电荷一定受洛伦兹力作用。[　　]
3. 洛伦兹力的大小跟电荷进入磁场时的运动方向有关。[　　]
4. 正电荷逆着磁感应线方向运动，洛伦兹力做负功。[　　]
5. 洛伦兹力只能使电荷的运动方向发生偏转，而不能使电荷的运动速率发生变化。[　　]
6. 运动电荷通过某一区域时不发生偏转，则该区域必定无磁场。[　　]

7. 如图 8-6 所示，能正确表达磁场方向、电荷运动方向和洛伦兹力方向三者关系的图形是（　　）

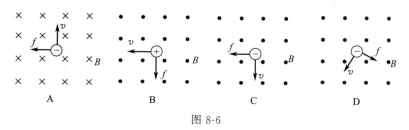

图 8-6

*8. 如图 8-7 所示，正电荷（其重力不计）以速度 v 水平向右垂直进入磁感应强度为 B 的匀强磁场中，磁场的方向垂直于纸面向里。若保持电荷水平向右做匀速直线运动，可加一个匀强电场，电场的方向为（　　）

A. 水平向左　　B. 垂直于纸面向外
C. 竖直向上　　D. 竖直向下

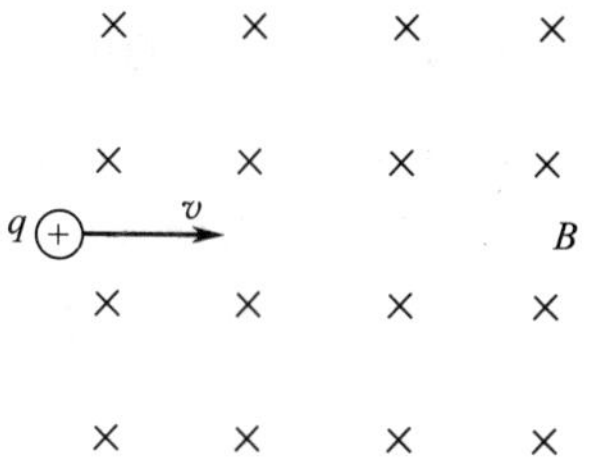

图 8-7

自 测 题

一、判断题

1. 沿着磁感应线的方向，磁场逐渐减弱。[　　]
2. 磁感应强度的方向与通电直导线在磁场中的受力方向垂直。[　　]
3. 磁场方向与某一平面垂直时，穿过该平面的磁通量最大。[　　]
4. 洛伦兹力所做的功跟电荷进入磁场时的运动方向有关。[　　]
5. 电荷在某空间做匀速直线运动，则该空间一定没有磁场。[　　]

二、填空题

1. 在匀强磁场中，有一长为 0.5m 的直导线，通有 2A 的电流，它受到的最大磁场力为 2×10^{-2}N，则磁场的磁感应强度为_____T；当该导线与磁感应线平行时，它受的磁场力为_____N。

2. 通电直导线的电流方向和它所受的安培力的方向如图 8-8 所示，由此可知磁场的方向_____。

3. 如图 8-9 所示，在垂直于纸面向外的匀强磁场中，垂直于磁场方向向上射出三束粒子 a、b、c，它们的偏转轨迹如图所示，则三束粒子的电性分别是_____、_____、_____。

三、选择题

1. 如图 8-10 所示，在矩形通电线圈内放一可以自由转动的小磁针，在通以如图所示方向的电流时，小磁针的指向是（　　）

A. N 极指向不变 B. N 极垂直纸面向外
C. N 极垂直纸面向里 D. N 极指向左边

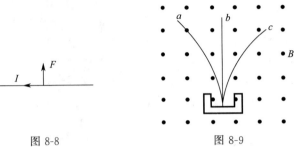

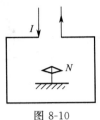

图 8-8   图 8-9   图 8-10

2. 通电直导线的电流方向和它所在的磁场方向如图 8-11 所示，四种情况下，对导线所受的安培力的方向表述正确的是（   ）

A. 垂直于纸面向外 B. 垂直于纸面向里
C. 在纸面内垂直导线斜向左上方 D. 在纸面内垂直导线斜向右下方

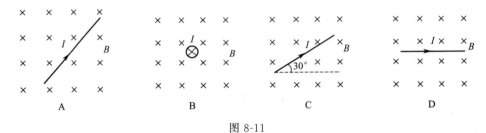

图 8-11

3. 如图 8-12 所示，直线电流 I_2 沿着环形电流 I_1 的轴线流动，则（   ）

A. 环将不动 B. 环将向左移动 C. 环将向右移动 D. 环将转动

*4. 如图 8-13 所示，四个相同的矩形线圈均通以顺时针方向的电流，且电流大小都相同。把它们放在同一个匀强磁场中，线圈平面都与磁场方向平行，但各线圈的转轴 OO' 的位置不同，则各线圈所受的力矩大小的关系为（   ）

A. 只有图(1) 和图(2) 中，线圈所受的力矩相等
B. 只有图(1) 和图(3) 中，线圈所受的力矩相等
C. 只有图(2) 和图(4) 中，线圈所受的力矩相等
D. 四种情况中，线圈所受的力矩都相等

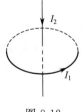

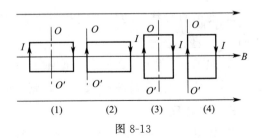

图 8-12   图 8-13

5. 运动的电子（其重力不计）沿着磁感应线的方向进入匀强磁场，下列说法正确的是（　　）

A. 洛伦兹力做正功，电子的动能增加

B. 洛伦兹力不做功，电子做匀速直线运动

C. 洛伦兹力不做功，电子运动方向向上偏转

D. 洛伦兹力不做功，电子运动方向向下偏转

四、计算题

*1. 如图 8-14 所示，水平放置的平行金属导轨，表面光滑，宽度 L 为 1m，在其上放一金属棒，棒与导轨垂直，且通有 0.5A、方向由 a 向 b 的电流。整个装置放在竖直方向的匀强磁场中，在大小为 2N、方向水平向右，且与棒垂直的外力 F 作用下，金属棒处于静止状态。

(1) 判断所加磁场的方向；

(2) 求磁感应强度的大小。

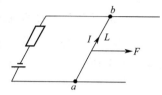

图 8-14

2. 一电量为 2×10^{-6}C 的带电粒子，垂直进入匀强磁场，它的速度为 4×10^6m/s，它受到的洛伦兹力为 8×10^{-3}N，求磁场的磁感应强度的大小。

教材典型习题解答

8-3-3　在匀强磁场中一条长 6cm 的通电导线，电流是 2A，电流的方向跟磁场方向垂直，设通电导线所受到的作用力是 0.06N，求磁感应强度是多少？

已知　$L=6cm=6\times10^{-2}$m，$I=2$A，$F=0.06$N。

求　B。

解　由 $B=\dfrac{F}{IL}$ 得

$$B = \frac{0.06}{2 \times 6 \times 10^{-2}} = 0.5 \text{ (T)}$$

答：磁感应强度是 0.5T。

8-3-6 一小型变压器铁芯的横截面积为 12cm^2，铁芯内部的磁感应强度为 0.80T，求通过铁芯的磁通量是多少？

已知 $S = 12\text{cm}^2 = 1.2 \times 10^{-3}\text{m}^2$，$B = 0.80\text{T}$。

求 Φ。

解 因为变压器铁芯内部的磁感应强度与铁芯的横截面积垂直，所以

$$\Phi = BS = 0.80 \times 1.2 \times 10^{-3} = 9.6 \times 10^{-4} \text{ (Wb)}$$

答：通过铁芯的磁通量是 9.6×10^{-4} Wb。

8-4-3 在磁感应强度为 0.8T 的匀强磁场中，放一根与磁场方向垂直，长度为 0.5m 的通电直导线，导线中的电流是 10A。导线沿磁场力方向移动 20cm，磁场力对通电导线所做的功是多少？

已知 $B = 0.8\text{T}$，$\theta = 90°$，$L = 0.5\text{m}$，$I = 10\text{A}$，$s = 20\text{cm} = 0.20\text{m}$。

求 W。

解 由 $F = BIL\sin\theta$ 得

$$F = 0.8 \times 10 \times 0.5 \times \sin 90° = 4 \text{ (N)}$$

由 $W = Fs\cos\alpha$ 得

$$W = 4 \times 0.20 \times \cos 0° = 0.8 \text{ (J)}$$

答：磁场力对通电导线所做的功是 0.8J。

8-4-5 把一长为 2.0cm，宽为 1.0cm 的长方形线圈放在匀强磁场中，线圈平面跟磁感应线方向平行，当通过线圈的电流为 0.30A 时，磁场对线圈的力矩是 9.0×10^{-6} N·m，求磁场的磁感应强度。

已知 $l_1 = 2.0\text{cm} = 2.0 \times 10^{-2}\text{m}$，$l_2 = 1.0\text{cm} = 1.0 \times 10^{-2}\text{m}$，$\theta = 0°$，$I = 0.30\text{A}$，$M = 9.0 \times 10^{-6}$ N·m。

求 B。

解 由 $M = BIS\cos\theta$ 和 $S = l_1 l_2$ 得

$$B = \frac{M}{Il_1 l_2 \cos\theta} = \frac{9.0 \times 10^{-6}}{0.30 \times 2.0 \times 10^{-2} \times 1.0 \times 10^{-2} \times \cos 0°} = 0.15 \text{ (T)}$$

答：磁场的磁感应强度为 0.15T。

8-5-4 电子的速度 $v = 3.0 \times 10^6$ m/s，垂直进入 $B = 0.10$T 的磁场，它所受到的洛伦兹力多大？

已知 $q = -1.6 \times 10^{-19}$C，$v = 3.0 \times 10^6$ m/s，$B = 0.10$T，$\theta = 90°$。

求 f。

解 由 $f = Bqv\sin\theta$ 得

$$f = 0.10 \times |-1.6 \times 10^{-19}| \times 3.0 \times 10^6 \times \sin 90° = 4.8 \times 10^{-14} \text{ (N)}$$

答：电子所受到的洛伦兹力大小为 4.8×10^{-14} N。

教材复习题解答

一、判断题

1. 磁感应线密集的地方磁场强。（√）
2. 磁场中的一小段通电导线所受的安培力方向与该处的磁场方向相同。（×）
3. 穿过某个平面的磁通量一定不为零。（×）
4. 通电线圈平面与磁感应线平行时，线圈受的力矩最大。（√）
5. 磁场对静止的电荷和运动的电荷都有作用力。（×）

二、选择题

1. 关于磁感应线，下列说法中正确的是（ C ）
A. 磁感应线起始于 N 极，终止于 S 极
B. 磁感应线的方向是小磁针 N 极的受力方向
C. 磁感应线的切线方向是该点的磁场方向
D. 磁感应线可以相交

2. 在图 8-15 中，能正确表达电流方向与磁感应线方向关系的是（ C ）

　　A　　　　　　B　　　　　　C　　　　　　D

图 8-15

3. 根据公式 $B=\dfrac{F}{IL}$，下列结论中，正确的是（ D ）
A. B 随 F 增大而增大
B. B 随 IL 的增大而减小
C. B 与 F 成正比，与 IL 成反比
D. B 由磁场本身性质决定，与 F、I、L 均无关

4. 置于磁场中的一小段通电导线，受到安培力的作用，则下列说法中正确的是（ B ）
A. 安培力的方向一定和磁感应强度的方向相同
B. 安培力的方向一定和磁感应强度的方向垂直
C. 安培力的方向一定和电流方向垂直，但不一定和磁感应强度方向垂直
D. 安培力的方向、电流方向和磁感应强度的方向一定相互垂直

三、填空题

1. 磁体外部的磁感应线从 $\underline{N}$ 极到 $\underline{S}$ 极；磁体内部的磁感应线是从 $\underline{S}$ 极到 $\underline{N}$ 极。

2. 一长为0.10m，通过2.0A电流的直导线，置于如图8-16所示的匀强磁场中。已知磁感应强度为0.10T，则导线所受安培力的大小分别为（1）<u>0</u>N；（2）<u>2.0×10^{-2}</u>N；（3）<u>2.0×10^{-2}</u>N。

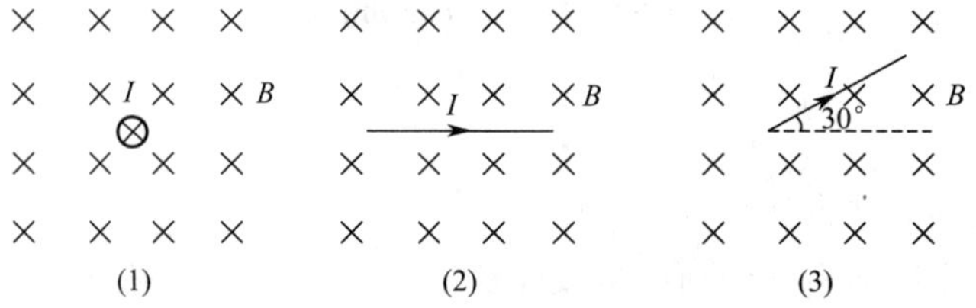

图 8-16

3. 把一个面积为5.0×10^{-2}m²的单匝线圈放在磁感应强度为0.20T的匀强磁场中，当线圈与磁场垂直时，穿过线圈的磁通量为<u>1.0×10^{-2}</u>Wb。

4. 矩形通电线圈置于匀强磁场中，当线圈平面平行于磁感应线时，通过线圈的磁通量<u>最小</u>，线圈所受力矩<u>最大</u>；当线圈平面垂直于磁感应线时，通过线圈的磁通量<u>最大</u>，线圈所受力矩<u>最小</u>。

四、计算题

1. 在磁感应强度为1.5T的匀强磁场中，有一边长为0.20m的正方形线圈。当线圈平面与磁场方向垂直时，通过线圈的磁通量是多少？

已知 $B=1.5$T，$l_1=l_2=0.20$m。

求 Φ。

解 当线圈平面与磁场方向垂直时

$$\Phi=BS=Bl_1l_2=1.5\times0.20\times0.20=6.0\times10^{-2}\text{（Wb）}$$

答：通过线圈的磁通量为6.0×10^{-2}Wb。

2. 如图8-17所示，一金属导体棒长0.49m，质量为0.010kg，用两根细线悬挂于磁感应强度为0.50T的匀强磁场中。若要使细线不受力，导体棒中应通以多大的何方向的电流？

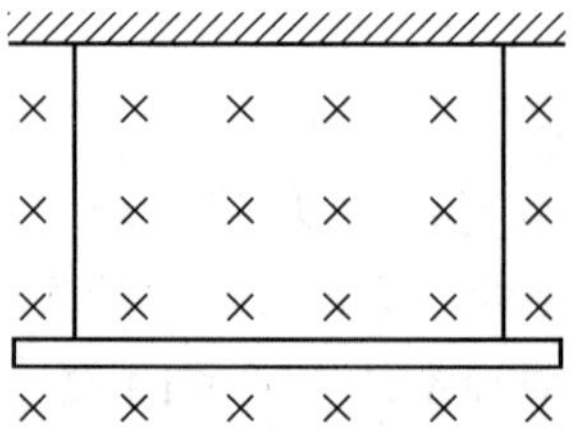

图 8-17

已知 $L=0.49$m，$m=0.010$kg，$B=0.50$T。

求 I。

解 由题意知，导体棒的受力情况如图8-18所示。

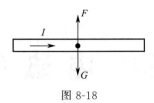

图 8-18

由左手定则得,电流的方向向右。

由两力平衡条件得 $F=G$,即
$$BIL=mg$$

所以
$$I=\frac{mg}{BL}=\frac{0.010\times 9.8}{0.50\times 0.49}=0.40 \text{(A)}$$

答:若要使细线不受力,导体棒中应通以 0.4A 的向右的电流。

*3. 如图 8-19 所示,通电导体棒长为 10cm,电源电动势为 2.0V,回路的总电阻为 5.0Ω,磁感应强度为 0.20T。求导体棒所受安培力的大小和方向。

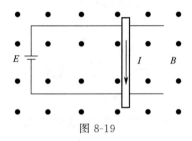

图 8-19

已知 $L=10\text{cm}=0.10\text{m}$,$E=2.0\text{V}$,$R=5.0\Omega$,$B=0.20\text{T}$。

求 F。

解 由闭合电路欧姆定律得
$$I=\frac{E}{R}=\frac{2.0}{5.0}=0.40 \text{(A)}$$

由安培定律得
$$F=BIL=0.20\times 0.40\times 0.10=8.0\times 10^{-3} \text{(N)}$$

由左手定则得,F 的方向向左

答:导体棒所受安培力的大小为 8.0×10^{-3}N,其方向向左。

第九章 电磁感应

学习目标

1. 理解电磁感应现象，掌握产生感应电流的条件。
2. 掌握楞次定律和右手定则，会用它们判断感应电流的方向。
3. 掌握法拉第电磁感应定律，并能熟练运用右手定则。
4. 理解互感现象和自感现象，了解它们的应用。

练 习 题

第一节 电磁感应现象

1. 导体在磁场中运动时，导体内一定产生感应电流。[　]
2. 闭合电路的任何一部分导体都不做切割磁感应线运动时，电路中一定没有感应电流。[　]
3. 只有当闭合电路中磁场发生变化时，电路中才有感应电流。[　]
4. 图 9-1 表示闭合电路的一段导体在匀强磁场中的运动情况，导体中能产生感应电流的是（ 　 ）

图 9-1

5. 如图 9-2 所示，一矩形线圈放入匀强磁场中，线圈平面跟磁感应线垂直。在下列运动中，有感应电流产生的是（ 　 ）

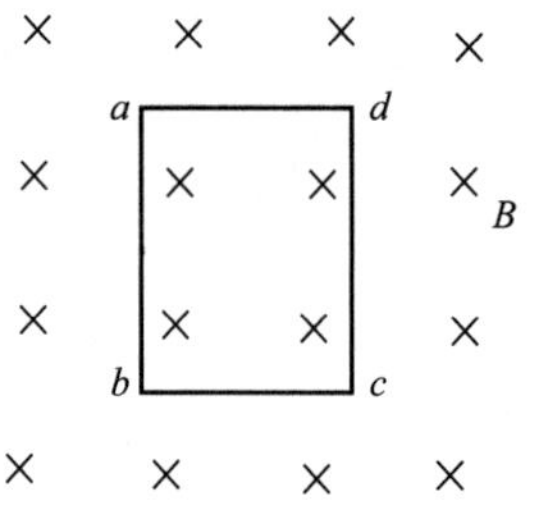

A. 线圈沿垂直于磁场方向平动　B. 线圈沿磁场方向平动

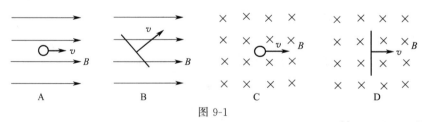

图 9-2

C. 线圈在纸面内绕中心点转动 D. 线圈以 ab 边为轴转动

第二节 楞次定律

1. 感应电流的磁场方向总是跟引起感应电流的磁场方向相反。[　　]
2. 感应电流的磁场方向总是跟引起感应电流的磁场方向相同。[　　]
3. 感应电流的磁场总是阻碍引起感应电流的磁通量的变化。[　　]
4. 在导体和磁场发生相对运动而出现感应电流时,感应电流的磁场总是阻碍导体与磁场间的相对运动。[　　]
5. 如图 9-3 所示,当磁铁向右运动时,电阻 R 中的电流的方向（　　）
A. 为零　　B. 由 a 点到 b 点　　C. 由 b 点到 a 点　　D. 无法判断

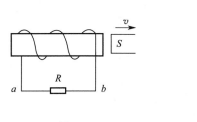

图 9-3

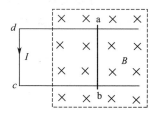

图 9-4

6. 如图 9-4 所示,导体 ab 在磁场中可沿平行的金属导轨左右滑动,能产生如图所示的感应电流的原因是（　　）
A. ab 向左滑动　　B. ab 向右滑动　　C. ab 不动,磁场减弱　　D. 都不正确
7. 如图 9-5 所示,能满足楞次定律的是（　　）

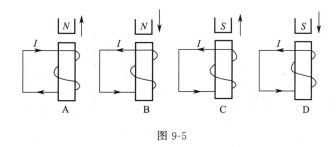

图 9-5

第三节 法拉第电磁感应定律

1. 穿过线圈的磁通量很大,线圈中的感应电动势就一定很大。[　　]
2. 穿过线圈的磁通量变化越大,线圈中的感应电动势就一定越大。[　　]
3. 穿过线圈的磁通量变化得越快,线圈中的感应电动势就一定越大。[　　]
4. 穿过线圈的磁通量变化时,线圈中一定能产生感应电动势。[　　]
5. 已知导线长为 10cm,速度为 20m/s,匀强磁场的磁感应强度为 4.0×10^{-2}T,在

图 9-6 所示的两种情况下，感应电动势的大小分别是（1）_____ V；（2）_____ V。

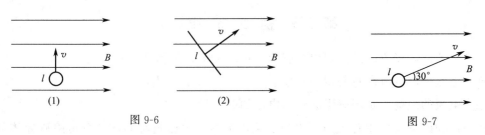

图 9-6   图 9-7

*6. 如图 9-7 所示，匀强磁场的磁感应强度 $B=0.80\text{T}$，闭合电路的一段长 $l=0.20\text{m}$ 的导线在磁场中沿着与磁场方向成 30°角的方向运动，速度 $v=5.0\text{m/s}$，导线 l 垂直于磁场方向。闭合电路的总电阻为 10Ω，且电路中其余导线不产生感应电动势。求：

（1）导线中产生的感应电动势的大小；

（2）闭合电路中产生的感应电流的大小和方向。

第四节　互感　感应圈

1. 两个相互靠近的线圈，若一个线圈中电流变化大，则另一个线圈中产生的感应电动势一定大。[　　]

2. 感应圈是利用互感原理制成的。[　　]

3. 如图 9-8 所示，当 B 电路中的开关 S _____ 的瞬间，A 电路中出现如图所示的感应电流。

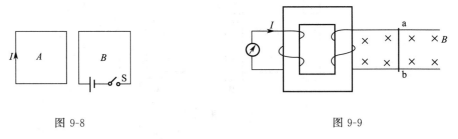

图 9-8   图 9-9

4. 如图 9-9 所示，导线 ab 可以在匀强磁场中沿平行的金属导轨左右移动，当电流表中获得如图所示的电流时，导线 ab 正在（　　）

A. 向右匀速运动　　B. 向右加速运动　　C. 向左匀速运动　　D. 向左加速运动

第五节　自　感

1. 通过线圈的电流的改变量很大，线圈中产生的自感电动势就一定很大。[　　]

2. 同一线圈中的自感电动势的大小跟线圈中电流的变化率成正比。[　　]

3. 若电流的变化率相同，则自感系数大的线圈所产生的自感电动势一定大。[　　]

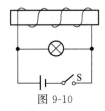

图 9-10

4. 自感电动势的方向总是跟引起自感电动势的原电流的方向相同。[　　]

5. 自感电动势的方向总是阻碍_____的变化。

6. 如图 9-10 所示，开关 S 断开的瞬间，灯泡中的电流方向_____。

7. 有一自感系数是 2.0H 的线圈，当通过它的电流在 0.010s 内由 5.0A 减小到 1.0A 时，产生的自感电动势是多大？

自　测　题

一、判断题

1. 当闭合电路中的磁场发生变化时，电路中就产生感应电流。[　　]

2. 导体在磁场中运动，就一定产生感应电动势。[　　]

3. 当穿过闭合电路的磁通量增加时，感应电流的磁场方向总是与引起感应电流的原磁场方向相反。[　　]

4. 感应电动势的大小与穿过这一电路的磁感应强度成正比。[　　]

5. 自感电动势的方向总是阻碍引起自感电动势的原电流的变化。[　　]

二、填空题

1. 已知导线长为 10cm，运动速度为 10m/s，匀强磁场的磁感应强度为 0.20T，在图 9-11 所示的情况下，感应电动势的大小分别是（1）_____V；（2）_____V。

2. 如图 9-12 所示，线圈 M 和线圈 P 绕在同一个铁芯上。当合上开关 S 的一瞬间，线圈 P 里_____感应电流；当线圈 M 里有恒定电流通过时，线圈 P 里_____感应电流；当断开开关 S 的一瞬间，线圈 P 里_____感应电流。（填"有"或者"没有"）

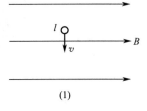 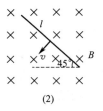 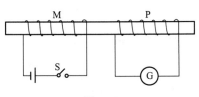

(1)　　　　　　　　　　(2)

图 9-11　　　　　　　　　　　　　　图 9-12

三、选择题

1. 如图 9-13 所示,长直导线穿过金属圆环的圆心,且与圆环平面垂直,长直导线中通以电流 I 时,下列说法中正确的是(　　)

    A. I 为变化的电流时,圆环中将产生感应电流
    B. 不论 I 是否变化,圆环中都不产生感应电流
    C. 当圆环左右平移时,圆环中将产生感应电流
    D. 当圆环上下移动时,圆环中将产生感应电流

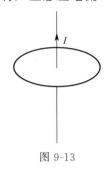

图 9-13

2. 图 9-14 表示闭合电路中一段导线在匀强磁场中的运动。能正确表示感应电流方向、磁场方向和导线运动方向三者关系的是(　　)

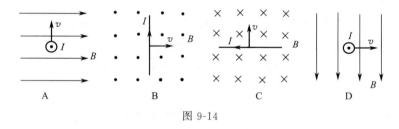

图 9-14

3. 如图 9-15 所示,将金属圆环用细线悬挂起来并使它处于静止状态。当条形磁铁由右边迅速插入圆环时,对于圆环的运动和圆环中的电流方向(从环的左侧向右看去),正确的判断是(　　)

    A. 圆环向右运动,电流为逆时针方向　　B. 圆环向右运动,电流为顺时针方向
    C. 圆环向左运动,电流为逆时针方向　　D. 圆环向左运动,电流为顺时针方向

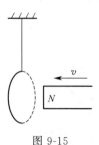

图 9-15

4. 穿过一个 10 匝线圈的磁通量每秒钟均匀地减少 2Wb,则该线圈中的感应电动势的

大小（　　）

　　A. 不变　　　　B. 随时间均匀变化　　　　C. 减少了 20V　　　　D. 增大了 20V

四、计算题

1. 面积为 0.002m² 的矩形线圈放在磁感应强度为 0.1T 的匀强磁场中，线圈的匝数为 1000 匝。线圈在 0.02s 内从垂直于磁场的位置转到平行于磁场的位置，求这个过程中感应电动势的平均值。

2. 如图 9-16 所示，一个闭合金属线框的两边接有电阻 R_1 和 R_2，$R_1=3\Omega$，$R_2=6\Omega$，框上垂直放置一根金属棒 ab，它的长度 $l=0.2$m，棒与框接触良好，并用外力使 ab 棒以 $v=5$m/s 的速度匀速向右移动，整个装置放在磁感应强度 $B=0.2$T 的匀强磁场中。电路中其他电阻忽略不计，求：

（1）ab 棒产生的感应电动势的大小；
（2）ab 棒中感应电流的大小和方向。

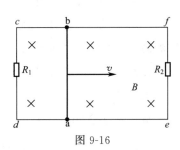

图 9-16

教材典型习题解答

9-3-3　匀强磁场的磁感应强度是 0.050Wb/m²，一根长 30cm 的导线，以 5.0m/s 的速度在磁场中运动，运动的方向与磁场方向垂直，计算导线中感应电动势的大小。

已知　$B=0.050$Wb/m²，$l=30$cm$=0.30$m，$v=5.0$m/s，$\theta=90°$。

求　E。

解　由 $E=Blv\sin\theta$ 得

$$E = 0.050 \times 0.30 \times 5.0 \times \sin 90° = 7.5 \times 10^{-2} \text{ （V）}$$

答：导线中感应电动势的大小为 7.5×10^{-2} V。

9-3-5 有一个 1000 匝的线圈，在 0.4s 内穿过它的磁通量从 0.01Wb 均匀增加到 0.09Wb，求线圈中的感应电动势大小。如果线圈的电阻是 2Ω，当它与 38Ω 的电热器串联组成闭合电路时，通过电热器的电流是多大？

已知 $N = 1000$ 匝，$\Delta t = 0.4$s，$\Phi_1 = 0.01$Wb，$\Phi_2 = 0.09$Wb，$r = 2\Omega$，$R = 38\Omega$。

求 I。

解 由题意知
$$\Delta \Phi = \Phi_2 - \Phi_1 = 0.09 - 0.01 = 0.08 \text{ （Wb）}$$

由 $E = N \dfrac{\Delta \Phi}{\Delta t}$ 得
$$E = 1000 \times \frac{0.08}{0.4} = 2 \times 10^2 \text{ （V）}$$

由 $I = \dfrac{E}{R+r}$ 得
$$I = \frac{2 \times 10^2}{38 + 2} = 5 \text{ （A）}$$

答：线圈中的感应电动势的大小为 2×10^2 V，通过电热器的电流是 5A。

9-5-3 有一个线圈，它的自感系数是 1.2H，当通过它的电流在 0.0050s 内由 1.0A 增加到 5.0A 时，产生的自感电动势是多少？

已知 $L = 1.2$H，$\Delta t = 0.0050$s，$I_1 = 1.0$A，$I_2 = 5.0$A。

求 E_L。

解 由题意知
$$\Delta I = I_2 - I_1 = 5.0 - 1.0 = 4.0 \text{ （A）}$$

由 $E_L = L \dfrac{\Delta I}{\Delta t}$ 得
$$E_L = 1.2 \times \frac{4.0}{0.0050} = 9.6 \times 10^2 \text{ （V）}$$

答：线圈产生的自感电动势为 9.6×10^2 V。

9-5-4 一个线圈的电流在 0.010s 内有 0.50A 的变化时，所产生的自感电动势为 50V，求线圈的自感系数。若此电路中电流的变化率变为 40A/s，自感系数有无变化？自感电动势有无变化？若变化，变为多少？

已知 $\Delta t = 0.010$s，$\Delta I = 0.50$A，$E_L = 50$V，$\dfrac{\Delta I'}{\Delta t'} = 40$A/s。

求 L，E_L'。

解 由 $E_L = L \dfrac{\Delta I}{\Delta t}$ 得

$$L = \frac{E_L \Delta t}{\Delta I} = \frac{50 \times 0.010}{0.50} = 1.0 \text{（H）}$$

因为 L 由线圈本身的特性决定，所以在电流的变化率改变时，L 不变，但自感电动势要发生变化。

$$E'_L = L \frac{\Delta I'}{\Delta t'} = 1.0 \times 40 = 40 \text{（V）}$$

答：线圈的自感系数为 1.0H；当电路中电流的变化率变为 40A/s，自感系数不变化，自感电动势要变化，变为 40V。

教材复习题解答

一、判断题

1. 穿过闭合电路的磁通量越大，产生的感应电流就越大。（×）
2. 在匀强磁场中，闭合电路只要运动，电路中就产生感应电流。（×）
3. 只要闭合电路的一部分导体在做切割磁感应线运动，电路的磁通量就一定变化。（√）
4. 电路中感应电动势的大小，跟穿过这一电路的磁通量的变化快慢有关。（√）
5. 线圈中产生的自感电动势越大，则线圈的自感系数也越大。（×）

二、选择题

1. 下列说法中正确的是（B）
   A. 电路中有感应电动势，就一定有感应电流
   B. 电路中有感应电流，就一定有感应电动势
   C. 两电路中感应电流大的，感应电动势一定大
   D. 两电路中感应电动势大的，感应电流一定大

2. 闭合电路中产生的感应电动势的大小，与穿过这一闭合电路的哪个物理量成正比（D）
   A. 磁感应强度　　B. 磁通量　　C. 磁通量的变化量　　D. 磁通量的变化率

3. 如图 9-17 所示，当磁铁远离线圈时，电流表中的电流（B）
   A. 为零　　　　B. 由下向上　　C. 由上向下　　D. 无法判断

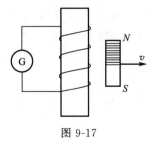

图 9-17

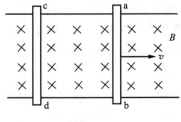

图 9-18

4. 如图 9-18 所示，两条光滑的金属导轨放置在同一水平面上，导体 ab、cd 可以自由滑动。当 ab 在外力作用下向右滑动时，cd 将（B）
   A. 静止不动　　　B. 向右移动　　　C. 向左移动　　　D. 无法判断

5. 关于自感和互感，下列说法中正确的是（C）

A. 两个邻近的线圈，若其中一个电流大，另一个中的感应电动势一定大
B. 两个邻近的线圈，若其中一个电流变化大，另一个中的感应电动势一定大
C. 自感电动势的大小与线圈的匝数有关
D. 自感电动势的方向总是与引起自感电动势的原电流的方向相反

三、填空题

1. 如图 9-19 所示，一矩形线圈匀速向右穿过一个匀强磁场，则在位置 1、2 有（填有、无）感生电流；在场区内无（填有、无）感生电流。

2. 如图 9-20 所示，一条形磁铁的 N 极在插入一闭合线圈的过程中，线圈中产生的感应电流的方向为逆时针方向（填顺时针方向或逆时针方向）。

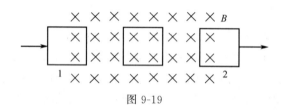

图 9-19

3. 如图 9-21 所示，一导体棒在匀强磁场中绕 a 端转动，则 a 点电势高。

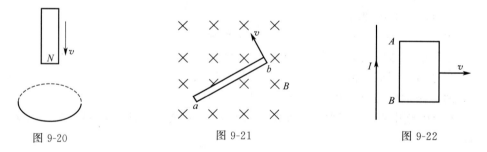

图 9-20   图 9-21   图 9-22

4. 如图 9-22 所示，当矩形线圈远离通电直导线时，线圈中的电流方向为顺时针方向（填顺时针方向或逆时针方向）。

四、计算题

1. 有一长为 0.2m、宽为 0.4m 的矩形线圈 abcd。已知磁感应强度为 0.1T，线圈在 0.01s 内从垂直于磁场的位置转过 $90°$，求线圈的平均感应电动势的大小。

已知 $l_1=0.2$m，$l_2=0.4$m，$B=0.1$T，$\Delta t=0.01$s，$N=1$ 匝。

求 E。

解 线圈从垂直于磁场的位置转过 $90°$，其磁通量由 Φ_1 变为零

$$\Phi_1=BS=Bl_1l_2=0.1\times0.2\times0.4=8\times10^{-3} \text{（Wb）}$$

$$\Phi_2=0$$

磁通量的变化 $\Delta\Phi=\Phi_2-\Phi_1=-\Phi_1$

由法拉第电磁感应定律得

$$E = N\frac{|\Delta\Phi|}{\Delta t} = \frac{\Phi_1}{\Delta t} = \frac{8\times 10^{-3}}{0.01} = 0.8 \text{ (V)}$$

答：线圈的平均感应电动势大小为 0.8V。

2. 如图 9-23 所示，金属可动边 ab 长 $l=0.10\text{m}$，磁感应强度 $B=0.50\text{T}$，$R=2.0\Omega$。当 ab 在外力作用下以 $v=10\text{m/s}$，向右匀速运动时，电路中其他电阻忽略不计，求：

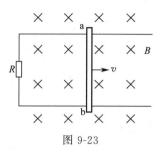

图 9-23

(1) 感应电动势的大小；
(2) 电路中感应电流的大小和方向。

已知 $l=0.10\text{m}$，$B=0.50\text{T}$，$R=2.0\Omega$，$v=10\text{m/s}$。

求 (1) E；(2) I。

解 (1) 由 $E=Blv$ 得
$$E = 0.50 \times 0.10 \times 10 = 0.50 \text{ (V)}$$

(2) 由闭合电路欧姆定律得
$$I = \frac{E}{R} = \frac{0.50}{2.0} = 0.25 \text{ (A)}$$

由右手定则得，电路中电流的方向为逆时针方向

答：(1) 感应电动势大小为 0.50V；(2) 电路中感应电流的大小为 0.25A，方向为逆时针方向。

3. 一线圈的自感系数为 1.2H，其中的电流在 0.020s 内由 5.0A 减小到零，求自感电动势的大小。

已知 $L=1.2\text{H}$，$\Delta t=0.020\text{s}$，$I_1=5.0\text{A}$，$I_2=0$。

求 E_L。

解 由题意知
$$\Delta I = I_2 - I_1 = -I_1$$

由 $E_L = L\dfrac{\Delta I}{\Delta t}$ 得
$$E_L = 1.2 \times \frac{|-5.0|}{0.020} = 3.0 \times 10^2 \text{ (V)}$$

答：自感电动势的大小为 $3.0\times 10^2\text{V}$。

第十章 交 流 电

学习目标

1. 理解交流电的特点、产生原理和变化规律。
2. 掌握交流电的周期、频率、最大值、有效值的物理意义。
3. 理解变压器的工作原理,掌握理想变压器的电压、电流与匝数的关系。

练 习 题

第一节 交流发电机的原理

1. 线圈在匀强磁场中转动时产生交流电,试判断下列说法是否正确。
(1) 当线圈位于中性面时,线圈中感应电动势最大。[ ]
(2) 当穿过线圈的磁通量为零时,线圈中感应电动势也为零。[ ]
(3) 线圈在磁场中每转一周,产生的感应电动势和感应电流的方向改变两次。[ ]
(4) 每当线圈越过中性面时,感应电动势和感应电流的方向就改变一次。[ ]

2. 一个矩形线圈,在匀强磁场中绕一个固定轴做匀速运动,当线圈处于如图 10-1 所示位置时,此线圈的（　　）

A. 磁通量最大,磁通量变化率最大,感应电动势最小
B. 磁通量最大,磁通量变化率最大,感应电动势最大
C. 磁通量最小,磁通量变化率最大,感应电动势最大
D. 磁通量最小,磁通量变化率最小,感应电动势最小

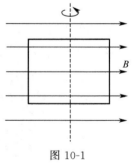

图 10-1

3. 如图 10-2 所示,当线圈转动时,电流表的指针会左右摆动,表明流过电流表的电流方向是变化的。线圈转到什么位置时,线圈中电流变方向了？线圈转到什么位置没有电流？线圈转到什么位置电流最大？

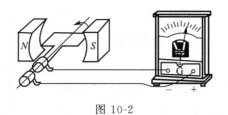

图 10-2

第二节 表征交流电的物理量

1. 频率为 50 Hz 的正弦电流，对人体的安全电压有效值不能超过 36 V，这个交流电压的周期是＿＿＿＿ s，最大值是＿＿＿＿ V。

2. 一个电热器上标有"220V 110W"字样，它在正常工作时，通过的正弦交流电流的有效值是＿＿＿＿ A；它两端所加的电压的最大值为＿＿＿＿ V。

3. 某一正弦交流电的电流图像如图 10-3 所示，由图可知，该交流电流的瞬时值的表达式为 $i=$ ＿＿＿＿ A。若用电流表测该电流，则电流表的示数为＿＿＿＿ A。当该交流电流通过 10Ω 的电阻时，电阻消耗的电功率为＿＿＿＿ W。

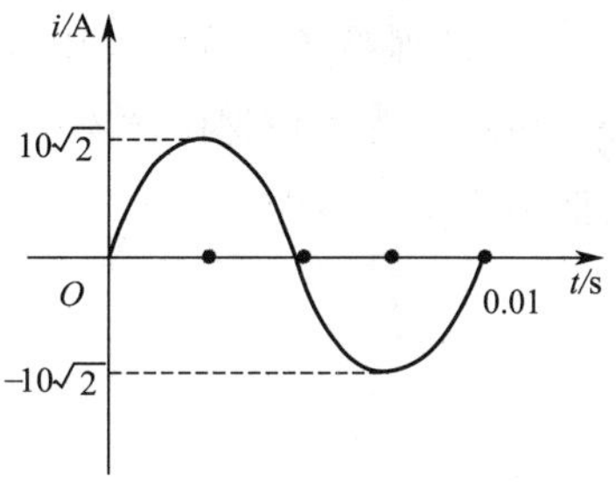

4. 有一台使用交流电的电冰箱上标有额定电压为"220V"的字样，这"220V"是指交流电压的（　　）

A. 瞬时值　　B. 最大值
C. 平均值　　D. 有效值

图 10-3

5. 线圈在匀强磁场中匀速转动，该线圈中产生的正弦交变电动势的瞬时值为 $e=80\sin 31.4t$ V。若线圈自身电阻为 2Ω，负载电阻为 6Ω，则下列说法中正确的是（　　）

A. 电流的有效值为 $10\sqrt{2}$ A　　B. 电流的有效值为 10 A
C. 电流的有效值为 $5\sqrt{2}$ A　　D. 电流的有效值为 5 A

6. 一个电阻接在 10 V 的直流电源上，它的发热功率为 P，当它接到电压为 $u=10\sin 100\pi t$ 的交变电源上，发热功率是（　　）

A. $0.25P$　　B. $0.5P$　　C. P　　D. $2P$

第三节 变 压 器

1. 对理想变压器而言，原线圈和副线圈的电压与两个线圈的匝数的关系为＿＿＿＿，原线圈和副线圈的电流与两个线圈的匝数的关系为＿＿＿＿。

2. 利用变压器将 220 V 的交流电变为 55 V，如果原线圈绕 2200 匝，则副线圈应绕＿＿＿＿ 匝。

3. 在一台正常工作的理想变压器的原、副线圈中，下列物理量不一定相等的是

( )

A. 交变电流的频率　　B. 电流的有效值
C. 电功率　　　　　　D. 磁通量

4. 一理想变压器的原线圈所接电源的电压图像如图 10-4 所示，原、副线圈的匝数比为 10∶1，下述说法中正确的是（　　）

A. 输出端所接电压表的示数为 $20\sqrt{2}$ V
B. 输出端所接电压表的示数为 20 V
C. 输出的交流电频率为 5 Hz
D. 输出的交流电周期为 0.2 s

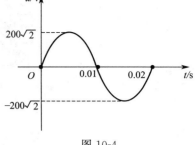

图 10-4

5. 一理想变压器原、副线圈匝数比 1∶2，电源电压 $u=220\sqrt{2}\sin\omega t$ V，原线圈接入一个熔断电流 $I_0=1$ A 的保险丝，副线圈中接入可变电阻 R，如图 10-5 所示。为了使保险丝不被熔断，调节电阻 R 时最低不能小于多少？

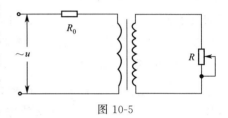

图 10-5

自　测　题

一、判断题

1. 交流发电机是根据电磁感应原理制成的。[　　]
2. 正弦交流电的最大值等于有效值的 $\sqrt{2}$ 倍。[　　]
3. 在交流电路中，电流表测量的是电流的最大值。[　　]
*4. 对于理想变压器，穿过原、副线圈的磁通量的变化率相等。[　　]
5. 理想变压器的输入功率大于输出功率。[　　]

二、填空题

1. 某一正弦交流电流的图像如图 10-6 所示，它的电流的最大值为 _____ A，

电流的有效值为 _____ A，交流电的周期为 _____ s，频率为 _____ Hz，交流电流的瞬时值的表达式为 $i=$ _____ A。

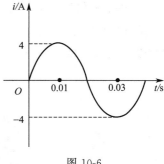

图 10-6

2. 瞬时值为 $u=50\sqrt{2}\sin10\pi t$ V 的交流电压，加在阻值为 $R=10\Omega$ 的电阻上，则流过电阻的电流的有效值是 _____ A，交流电的频率是 _____ Hz。

三、选择题

1. 一只"220V 100W"的灯泡接在 $u=311\sin314t$ V 的交流电源上，则下列说法中错误的是（　　）

A. 通过灯泡的电流为 2.2A

B. 与灯泡串联的电流表的示数为 0.45A

C. 灯泡能正常发光

D. 与灯泡并联的电压表的示数为 220V

2. 如图 10-7 所示，已知交流电源电压的瞬时值 $u=200\sin100\pi t$ V，电阻 $R=100\Omega$，则电流表和电压表的示数分别为（　　）

A. 1.41A，200V　　B. 1.41A，141V

C. 2A，200V　　D. 2A，141V

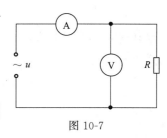

图 10-7

3. 一理想变压器原线圈 1400 匝，副线圈 700 匝，并在副线圈中接有电阻 R，当变压器工作时，原、副线圈中（　　）

A. 电流频率之比为 2∶1　　B. 功率之比为 2∶1

C. 电流之比为 2∶1　　D. 电压之比为 2∶1

4. 如图 10-8 所示，理想变压器的原线圈与交流电相接，其中的电流为 I_1，副线圈与负载电阻 R 相接，其中的电流为 I_2。当 R 变小时，下列说法正确的是（　　）

A. I_2 变小，I_1 变小　　B. I_2 变小，I_1 增大

C. I_2 增大，I_1 增大　　D. I_2 增大，I_1 减少

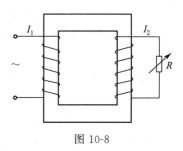

图 10-8

四、计算题

1. 电路两端的交流电压的瞬时值为 $u=U_m\sin314t$ V，在 $t=0.005$s 时，电压的值为 10V，则接在电路两端的电压表的示数为多少？

2. 某车间利用变压器对 40 盏 "36V　40W" 的电灯供电。设变压器的原线圈为 1320 匝，接在 220V 照明线路上，问副线圈应为多少匝，才能使 40 盏灯正常发光？此时，原、副线圈中的电流各为多少？

教材典型习题解答

10-2-3　图 10-9 是一个正弦交流电的电流图像。根据图像求出它的周期、频率、电流的最大值和有效值。

解　由正弦交流电的电流图像可以得到
$$T=0.2\text{s},\ I_m=10\text{A}$$
由 $f=\dfrac{1}{T}$ 和 $I=\dfrac{I_m}{\sqrt{2}}$ 得
$$f=\dfrac{1}{0.2}=5\ (\text{Hz})$$
$$I=\dfrac{10}{\sqrt{2}}=5\sqrt{2}\approx 7.1\ (\text{A})$$

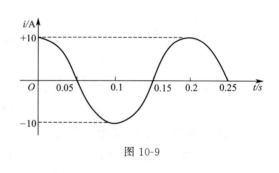

图 10-9

答：正弦交流电的周期为 0.2s，频率为 5Hz，电流的最大值为 10A，有效值为 7.1A。

10-3-2　一个变压器的原线圈是 800 匝，将它接到 220V 的交流电路中，若要从副线圈中获得 55V 的电压，问副线圈需要绕多少匝？

已知　$N_1=800$ 匝，$U_1=220\text{V}$，$U_2=55\text{V}$。

求　N_2。

解　由 $\dfrac{U_1}{U_2}=\dfrac{N_1}{N_2}$ 得
$$N_2=\dfrac{U_2 N_1}{U_1}=\dfrac{55\times 800}{220}=200\ (\text{匝})$$

答：副线圈需要绕 200 匝。

教材复习题解答

一、判断题

1. 产生交流电的条件是线圈中的磁通量要发生周期性变化。（√）
2. 线圈转到中性面时，感应电动势为零。（√）
3. 通常照明电路电压220V，指的是交流电压的最大值。（×）
4. 变压器能改变直流电压。（×）
5. 理想变压器工作时，原、副线圈的端电压之比等于两线圈的匝数比。（√）

二、选择题

1. 交流电流的表达式为 $i=3\sin314t$，其单位为 A，下面说法正确的是（B）

A. 有效值是3A，频率是50Hz   B. 最大值是3A，频率是50Hz
C. 有效值是3A，频率是314Hz   D. 最大值是3A，频率是314Hz

2. 一个电热器接在10V电源上，产生一定的电功率；当接在最大值是20V的正弦交流电源上时，该电热器产生的电功率是原来的（B）

A. 4倍   B. 2倍   C. 1倍   D. 0.5倍

3. 一个变压器原线圈110匝，副线圈660匝，原线圈接入电压12V的电池组后，副线圈的端电压为（D）

A. 72V   B. 36V   C. 4V   D. 0V

三、填空题

1. 频率为50Hz的交流电的周期为 <u>0.02s</u>，角频率为 <u>314rad/s</u>。
2. 对一理想的升压变压器而言，输出电压<u>大于</u>输入电压，输出电流<u>小于</u>输入电流。
3. 某一电路中电压的瞬时值为 $u=220\sqrt{2}\sin100\pi t$ V，则其电压的最大值为 <u>311V（或 $220\sqrt{2}$ V）</u>，有效值为 <u>220V</u>，交流电的频率为 <u>50Hz</u>，交流电的周期为 <u>0.02s</u>。

四、计算题

1. 一正弦交流电的频率为50Hz，电流的有效值为10A。试写出电流的瞬时值的表达式。

已知 $f=50$Hz，$I=10$A。

求 i。

解 由 $\omega=2\pi f$ 得

$$\omega=2\pi\times50=100\pi \text{（rad/s）}$$

由 $I_m=\sqrt{2}I$ 得

$$I_m=10\sqrt{2}\text{ A}$$

由 $i=I_m\sin\omega t$ 得

$$i = 10\sqrt{2}\sin 100\pi t \text{ A}$$

答：电流瞬时值表达式为 $i = 10\sqrt{2}\sin 100\pi t$ A。

2. 在有效值为 220V 的交流电路中，接入 50Ω 的电阻，则电流的有效值和最大值各为多少？这时电阻消耗的功率是多少？

已知　$U = 220\text{V}$，$R = 50\Omega$。

求　I，I_m，P。

解　由 $I = \dfrac{U}{R}$ 得

$$I = \frac{220}{50} = 4.4 \text{ (A)}$$

由 $I_m = \sqrt{2}\, I$ 得

$$I_m = \sqrt{2} \times 4.4 \approx 6.2 \text{ (A)}$$

由 $P = IU$ 得

$$P = 4.4 \times 220 = 968 \text{ (W)}$$

答：电流的有效值为 4.4A，最大值为 6.2A，这时电阻消耗的功率为 968W。

3. 一台发电机产生的正弦交流电的电动势最大值是 400V，线圈匀速转动的角速度为 314rad/s，试写出电动势瞬时值的表达式，并求出电动势的有效值。

已知　$E_m = 400\text{V}$，$\omega = 314\text{rad/s}$。

求　e，E。

解　由 $e = E_m \sin\omega t$ 得

$$e = 400\sin 314t \text{ V}$$

由 $E = \dfrac{E_m}{\sqrt{2}}$ 得

$$E = \frac{400}{\sqrt{2}} \approx 283 \text{ (V)}$$

答：电动势瞬时值表达式为 $e = 400\sin 314t$ V，电动势的有效值为 283V。

第十一章 分子动理论 热和功

学习目标

1. 掌握分子动理论的基本论点。
2. 掌握内能的概念,理解做功和热传递是改变内能的两种方式。
3. 掌握热力学第一定律,理解能量守恒定律。
4. 理解循环过程,了解热机和制冷机的工作原理。
*5. 理解热力学第二定律,了解自然过程的方向性。

练 习 题

第一节 分子动理论

1. 我们用肉眼看到的尘土飞扬,就是布朗运动。[   ]
2. 尽管布朗微粒用显微镜才能看到,但它们仍然不是物质的单个分子。[   ]
3. 在下列关于分子力的说法中,正确的是(   )
   A. 当 $r>r_0$ 时,分子间的排斥力大于吸引力
   B. 当 $r=r_0$ 时,分子间既无吸引力,也无排斥力
   C. 当 $r<r_0$ 时,分子间只有排斥力
   D. 当 $r>10^{-9}$ m 时,分子间的作用非常微弱,分子力几乎为零
4. 压缩物体,须施加一定的外力,这说明分子之间有_____。

第二节 物体的内能 热和功

1. 温度相同的氢气分子和氧气分子具有相同的分子平均动能。[   ]
2. 物体的内能只与温度有关,而与体积无关。[   ]
3. 物体的内能大,其机械能也一定大。[   ]
4. 物体不吸收热量,它的温度就不会升高。[   ]
5. 做功和热传递在_____上是等效的。

6. 一杯水在温度升高时吸收了 4.2×10^2 J 的热量，如果用做功的方法使其升到相同的温度，要做_____ J 的功。

7. 水在汽化成同温度的汽的过程中，分子平均动能（　　）
   A. 增大　　　　B. 减小　　　　C. 不变　　　　D. 无法确定

第三节　热力学第一定律　能量守恒定律

1. 物体吸收了热量，温度一定升高。[　　]

2. 相互接触的两个物体，其中放出热量的物体，内能一定较多；吸收热量的物体，内能一定较少。[　　]

3. 一质量为 m 的物体，以速度 v 做匀速直线运动，则这个物体的分子平均动能是 $\frac{1}{2}mv^2$。[　　]

4. 内能增加的物体，（　　）
   A. 温度一定升高　　　　　　　B. 一定是从外界吸收了热量
   C. 一定是外界对它做了功　　　D. 可能从外界吸热，也可能外界对它做了功

5. 自由摆动的秋千，摆动的振幅越来越小，在此过程中（　　）
   A. 机械能守恒　　　　　　　　B. 只有动能和重力势能相互转化
   C. 总能量正在消失　　　　　　D. 总能量守恒

6. 空气在一次状态变化中，从热源吸收 2.6×10^5 J 的热量，内能增加 4.2×10^5 J。在此过程中，是空气对外界做功，还是外界对空气做功？做了多少功？

第四节　热机　制冷机

1. 经过一个循环过程，工作物质的内能没有变化。[　　]

2. 所有热机的效率都只与高温热源和低温热源的温度有关。[　　]

3. 制冷系数越大，表示制冷机的性能越差。[　　]

4. 在 600K 的高温热源和 300K 的低温热源间工作的理想热机，其效率是（　　）
   A. 100%　　　B. 92%　　　C. 50%　　　D. 25%

5. 一理想热机的效率是 21%，它经过某一循环吸收 1000J 的热量，它放出的热量是多少？对外界所做了多少功？

自 测 题

一、判断题

1. 物体受压后体积减小，表明物体由分子组成。[　　]
2. 分子力是分子间的吸引力和排斥力的合力。[　　]
3. 温度是物体分子热运动平均动能的量度。[　　]
4. 在忽略分子力的作用时，气体的内能仅与温度有关。[　　]
5. 制冷系数越小，表示制冷机的性能越好。[　　]

二、填空题

1. 酒精和水混合后的总体积要比混合前小，这表明_____。
2. 液体的温度越_____，布朗运动越剧烈。布朗运动表明_____。
3. 固体有一定的形状，说明分子间有_____。
4. 物体内能与物体的_____和_____有关。

三、选择题

1. 关于物体的内能，下列说法中正确的是（　　）

A. 温度和质量都相同的物体，必定具有相同的内能

B. 物体的机械能越大，它具有的内能也越大

C. 物体的机械能等于零时，它的内能也可能等于零

D. 做功和热传递都能改变物体的内能

2. 封闭在玻璃容器内的气体，当温度升高时，下列说法正确的是（　　）

A. 分子的速度不变　　　　　　B. 分子的动能不变

C. 气体的内能减少　　　　　　D. 气体的内能增加

3. 把一个装有气体的圆筒，用不传热的外套裹着，设气体对外界做功，并且不考虑气体的分子势能，则气体的温度（　　）

A. 升高　　　　B. 降低　　　　C. 不变　　　　D. 无法确定

4. 对一定质量的气体加热，向它传递了 200J 的热量，它受热膨胀时对外做功 500J，则气体内能的变化为（　　）

A. -300J　　　B. -700J　　　C. 300J　　　D. 700J

四、计算题

1. 用活塞压缩汽缸里的气体时，活塞对气体做功 9.0×10^2J，同时气体的内能增加了 5.0×10^2J，气体从外界吸热还是对外界散热？传递的热量为多少？

2. 一卡诺热机，在温度为400K和300K的两个热源间运转。若一次循环，热机从高温热源吸热1200J，问应向低温热源放热多少？

教材典型习题解答

11-3-4　空气压缩机在一次压缩中，活塞对空气做了 $3.0×10^5$J 的功，同时空气内能增加 $1.5×10^5$J，这时空气向外界传递的热量是多少？

已知　$W=-3.0×10^5$J，$\Delta E=1.5×10^5$J。

求　Q。

解　由 $Q=\Delta E+W$ 得
$$Q=1.5×10^5+(-3.0×10^5)=-1.5×10^5 \text{ (J)}$$

Q 为负值，表示空气向外界散热。

答：空气向外界传递的热量是 $1.5×10^5$J。

11-3-5　用活塞压缩汽缸里的空气，对空气做了920J的功，同时汽缸对外散热230J，汽缸中空气的内能改变了多少？

已知　$W=-920$J，$Q=-230$J。

求　ΔE。

解　由 $Q=\Delta E+W$ 得
$$\Delta E=Q-W=-230-(920)=690 \text{ (J)}$$

ΔE 为正值，表示空气的内能增加。

答：汽缸中空气的内能增加了690J。

教材复习题解答

一、判断题

1. 布朗运动就是分子的运动。（×）
2. 物体的内能是组成物体的所有分子的动能之和。（×）
3. 在物体内能的改变上，做功和热传递是等效的。（√）
4. 物体的温度越高，则热量越多。（×）
5. 理想热机的效率只由高温热源和低温热源的温度决定。（√）

二、选择题

1. 关于布朗运动，下列说法正确的是（D）

A. 布朗运动就是液体分子的热运动　　　　B. 布朗运动就是分子运动

C. 悬浮的颗粒越大，布朗运动就越剧烈　　D. 物体的温度越高，布朗运动越剧烈

2. 固体很难压缩，原因是（D）

A. 分子不停地运动　　　　　　　　B. 分子间空隙较大

C. 分子本身占据了空间　　　　　　D. 分子间存在斥力

3. 一定质量的气体，从外界吸收了 100J 的热量，同时气体对外界做了 500J 的功，则（C）

A. 气体内能增加，温度升高　　　　B. 气体内能减少，温度不变

C. 气体内能减少，温度降低　　　　D. 无法判断

三、填空题

1. 分子的<u>无规则</u>运动叫热运动。分子间的相互作用力跟分子间的<u>距离</u>有关。

2. 改变物体内能的方法是<u>做功</u>和<u>热传递</u>。

四、计算题

1. 对一定质量的气体，向它传递了 300J 的热量，气体的内能增加了 500J，则气体对外做功还是外界对气体做功？做了多少功？

已知　$Q = 300J$，$\Delta E = 500J$。

求　W。

解　由 $Q = \Delta E + W$ 得

$$W = Q - \Delta E = 300 - 500 = -200 \text{ (J)}$$

W 为负值，表示外界对气体做功。

答：外界对气体做功 200J。

2. 空气压缩机在一次压缩中，对空气做了 4.0×10^5J 的功，同时汽缸向外散热 9.0×10^4J，空气内能改变了多少？是增加还是减少？

已知　$W = -4.0 \times 10^5$J，$Q = -9.0 \times 10^4$J。

求　ΔE。

解　由 $Q = \Delta E + W$ 得

$$\Delta E = Q - W = -9.0 \times 10^4 - (-4.0 \times 10^5) = 3.1 \times 10^5 \text{ (J)}$$

ΔE 为正值，表示空气的内能增加。

答：空气内能增加了 3.1×10^5J。

* 第十二章　气体的性质

学习目标

1. 理解描述气体状态的三个参量（温度、压强、体积）的意义，会将热力学温度与摄氏温度进行换算。
2. 掌握玻意耳定律、查理定律、盖-吕萨克定律，并会用它们解决有关问题。
3. 掌握理想气体状态方程及其应用。

练 习 题

第一节　气体的状态参量

1. 气体的体积是由容器的容积决定的。[　]
2. 气体的压强是由大量气体分子对容器器壁的频繁碰撞产生的。[　]
3. 气体的温度越高，气体分子的平均动能就越大。[　]
4. 描述气体的状态参量是_____、_____和_____。
5. 某人的体温为 37℃，若用热力学温度来表示则为_____K。
6. 2atm＝_____Pa。

第二节　气体的三个实验定律

1. 一定质量的理想气体，当压强不变而温度由 100℃ 上升到 200℃ 时，其体积是原来体积的_____倍。
2. 一个密闭容器里的气体，在 0℃ 时压强是 7.9×10^4 Pa，给容器加热，气体的压强为 1.1×10^5 Pa 时，温度升高到（　）
   A. 72℃　　　B. 84℃　　　C. 107℃　　　D. 116℃
3. 测量大气压强的一个简便方法，是将一端封闭内径均匀的玻璃管开口向上竖直放置，灌入一些水银，封闭一段空气。若水银柱长 15cm，空气柱长 20cm，而玻璃管开口向下竖直放置时，空气柱变为 30cm，求大气压强。（假定温度不变）

第三节 理想气体状态方程

1. 在容积为 20L 的圆筒内装有氧气。当温度是 16℃时，它的压强是 $1.0×10^7$ Pa。在标准状态（$1.0×10^5$ Pa，0℃）下，这些氧气的体积是多大？

2. 柴油机在工作时，吸入汽缸的气体压强为 $1.0×10^5$ Pa，温度为 27℃。在第二冲程末，气体的体积被压缩为原来的 $\frac{1}{10}$，压强增大到 $3.0×10^6$ Pa，此时气体的温度可达多少？

自 测 题

一、判断题

1. 气体的体积是指储存气体的容器的容积。〔 〕
2. 气体的压强等于容器器壁受到的压力。〔 〕
3. 理想气体分子之间的相互作用力为零。〔 〕
4. 在国际单位制中，温度的单位是摄氏度。〔 〕
5. 在压强不太大、温度不太低的条件下，实际气体可以当作理想气体来处理。〔 〕

二、填空题

1. 一定质量的理想气体，当体积保持不变时，压强跟_____成正比；当温度保持不变，压强增大为原来的四倍时，体积变为原来_____倍；当压强保持不变，体积增大为原来的四倍时，气体的热力学温度变为原来的_____倍。

2. 在压强不变的条件下，必须使气体的温度变化到_____℃，才能使它的体积变为在 273℃时体积的 $\frac{1}{2}$。

三、选择题

1. 固态氮的熔点是－210℃，用国际单位制表示是（ ）

   A. －483K　　　B. －63K　　　C. 63K　　　D. 483K

2. 一定质量的理想气体吸热膨胀，并保持压强不变，则（ ）

   A. 它吸收的热量大于内能的增加

   B. 它吸收的热量等于内能的增加

   C. 它吸收的热量小于内能的增加

   D. 它吸收的热量可以大于内能的增加，也可以小于内能的增加

3. 一定质量的理想气体，当体积不变时，压强减为原来的一半，其温度由 27℃变为（ ）

   A. 150K　　　B. 13.5K　　　C. 123K　　　D. －13.5K

4. 一定质量的理想气体，在等温过程中吸收了热量，则气体的（ ）

   A. 体积增大，内能改变　　　B. 体积减小，内能不变

   C. 压强增大，内能改变　　　D. 压强减少，内能不变

四、计算题

1. 一端封闭内径均匀的玻璃管长 1m，里面装有一段 14cm 长的水银柱，当管口向上竖直放置时，封闭的空气柱长 31cm，若管口向下竖直放置时，封闭的空气柱长 45cm，假定温度不变，求大气压强。

2. 某一装置的汽缸内，装有一定质量的空气，压强为 50atm，体积为 8L，温度为 27℃。当移动活塞压缩空气时，使其体积压缩到 2L，压强为 250atm，问此时空气的温度是多少？

教材典型习题解答

12-2-1 某容器的体积是10L，里面所盛气体的压强为2.0×10^3Pa。保持温度不变，如果气体的压强变为1.0×10^2Pa，问气体要用多大体积的容器盛装？

已知 $V_1=10$L，$p_1=2.0\times10^3$Pa，$p_2=1.0\times10^2$Pa。

求 V_2。

解 由玻意耳定律 $p_1V_1=p_2V_2$ 得

$$V_2=\frac{p_1V_1}{p_2}=\frac{2.0\times10^3\times10}{1.0\times10^2}=2.0\times10^2 \text{ (L)}$$

答：气体要用2.0×10^2L的容器盛装。

12-2-2 一定质量气体，27℃时体积为0.010m^3，在压强不变的情况下，温度升高到80℃时，体积为多少？

已知 $T_1=(27+273)\text{K}=300\text{K}$，$V_1=0.010\text{m}^3$，$T_2=(80+273)\text{K}=353\text{K}$。

求 V_2。

解 由盖-吕萨克定律 $\dfrac{V_1}{T_1}=\dfrac{V_2}{T_2}$ 得

$$V_2=\frac{V_1T_2}{T_1}=\frac{0.010\times353}{300}\approx0.012 \text{ (m}^3\text{)}$$

答：温度升高到80℃时，气体体积为0.012m^3。

12-2-3 一密闭容器的气体，0℃时的压强是4.0×10^4Pa。给容器加热，当温度升高到多少时，气体的压强为1.0×10^5Pa？

已知 $T_1=(0+273)\text{K}=273\text{K}$，$p_1=4.0\times10^4$Pa，$p_2=1.0\times10^5$Pa。

求 T_2。

解 由查理定律 $\dfrac{p_1}{T_1}=\dfrac{p_2}{T_2}$ 得

$$T_2=\frac{p_2T_1}{p_1}=\frac{1.0\times10^5\times273}{4.0\times10^4}=682.5 \text{ (K)}$$

答：当温度升高到682.5K时，气体的压强为1.0×10^5Pa。

12-3-1 某一装置的汽缸内，装有一定质量的空气，压强为50atm，体积为3L，温度为27℃。当移动活塞压缩空气时，使其体积压缩到2L，温度为127℃，问此时压缩空气的压强是多少？

已知 $p_1=50$atm，$V_1=3$L，$T_1=(27+273)\text{K}=300\text{K}$，$V_2=2$L，$T_2=(127+273)\text{K}=400\text{K}$。

求 p_2。

解 由理想气体状态方程 $\dfrac{p_1 V_1}{T_1} = \dfrac{p_2 V_2}{T_2}$ 得

$$p_2 = \dfrac{p_1 V_1 T_2}{V_2 T_1} = \dfrac{50 \times 3 \times 400}{2 \times 300} = 100 \text{ (atm)}$$

答：此时压缩空气的压强为 100atm。

教材复习题解答

一、判断题

1. 气体分子间距离相对于固体和液体来说最大，分子之间的相互作用力也最大。（×）
2. 温度越高，分子平均动能越大，分子的热运动越剧烈。（√）
3. 气体的压强来源于大量气体分子对容器器壁的频繁碰撞。（√）
4. 气体的体积是指所有气体分子的体积和。（×）
5. 气体的状态由气体的体积、压强和温度来描述。（√）

二、选择题

1. 一定质量的理想气体，在等温过程中吸收了热量，则气体的（C）
   A. 内能增加　　　B. 内能减少　　　C. 内能不变　　　D. 无法确定
2. 压强为 $8 \times 10^4 \text{Pa}$ 的气体，其体积为 1L，若温度不变，体积增加到 2L，压强为（B）
   A. $2 \times 10^4 \text{Pa}$　　B. $4 \times 10^4 \text{Pa}$　　C. $8 \times 10^4 \text{Pa}$　　D. $16 \times 10^4 \text{Pa}$
3. 一定质量的理想气体，体积保持不变，温度由 27℃ 升高到 54℃，则压强变为原来的（B）
   A. 2 倍　　　B. 1.09 倍　　　C. 0.5 倍　　　D. 1.5 倍

三、填空题

1. 已知某容器的气体压强为 10atm，则气体的压强为 $\underline{1.0 \times 10^6}$ Pa，为 $\underline{760}$ cmHg。
2. 某物体的温度为 −30℃，则它的热力学温度为 $\underline{243}$ K。

四、计算题

1. 汽车的轮胎在 20℃ 时，其压强为 30atm，现在轮胎内温度升高到 37℃，假定体积不变，问气体的压强是多少？

已知　$T_1 = (20+273)\text{K} = 293\text{K}$，$p_1 = 30\text{atm}$，$T_2 = (37+273)\text{K} = 310\text{K}$。

求　p_2。

解 由查理定律 $\dfrac{p_1}{T_1} = \dfrac{p_2}{T_2}$ 得

$$p_2 = \dfrac{p_1 T_2}{T_1} = \dfrac{30 \times 310}{293} \approx 32 \text{ (atm)}$$

答：气体的压强是32atm。

2. 一定质量的气体，27℃时体积为0.01L，在压强不变的情况下，温度升高到180℃时，体积是多少？

已知　$T_1=(27+273)\text{K}=300\text{K}$，$V_1=0.01\text{L}$，$T_2=(180+273)\text{K}=453\text{K}$。

求　V_2。

解　由盖-吕萨克定律$\dfrac{V_1}{T_1}=\dfrac{V_2}{T_2}$得

$$V_2=\frac{V_1T_2}{T_1}=\frac{0.01\times 453}{300}=0.0151\text{ (L)}$$

答：温度升高到180℃时，体积是0.0151L。

3. 在温度等于47℃而压强等于1atm时，某内燃机汽缸里气体的体积是900mL，如果经活塞压缩，气体的压强增大到10atm，体积减少到150mL，那么气体的温度将升高到多少？

已知　$T_1=(47+273)\text{K}=320\text{K}$，$p_1=1\text{atm}$，$V_1=900\text{mL}$，$p_2=10\text{atm}$，$V_2=150\text{mL}$。

求　T_2。

解　由理想气体状态方程$\dfrac{p_1V_1}{T_1}=\dfrac{p_2V_2}{T_2}$得

$$T_2=\frac{p_2V_2T_1}{p_1V_1}=\frac{10\times 150\times 320}{1\times 900}\approx 533\text{ (K)}$$

答：气体的温度将升高到533K。

练习题和自测题参考答案

第 一 章

练 习 题

第一节　1. √　　2. ×　　3. 云　　4. 地平面　　5. 火车　　6. B

第二节　1. ×　　2. ×　　3. ×　　4. √　　5. √　　6. 5，向西，25m　　7. 0，50πm
8. 间，间，刻，刻　　9. B

第三节　1. ×　　2. √　　3. √　　4. 方向，矢，位移，运动　　5. 10，54　　6. 15，1.8×10⁴

第四节　1. √　　2. ×　　3. √　　4. √　　5. 6.0，4.3　　6. 4.2　　7. (1)、(2)、(3)；(4)、(5)

第五节　1. ×　　2. √　　3. √　　4. 相同，相反　　5. 米每二次方秒　　6. 匀加速直线，匀减速直线，匀速直线　　7. B　　8. C　　9. A　　10. 1.5m/s²，0，−7.5m/s²

第六节　1. 不变，增加，减小　　2. 匀速直线，不为零的匀加速直线，为零的匀加速直线，匀减速直线　　3. D　　4. 15m/s　　5. 5.0m/s

第七节　1. 匀变速直线　　2. v_0、v_t、a、s；t　　3. 56　　4. 5　　5. 2，3　　6. C
7. 0.16m/s²，12.5s

第八节　1. 重力，静止　　2. 零，匀加速　　3. 1.25，20，5，20　　4. D　　*5. B　　6. 39.2m/s，4s
*7. 80m

自 测 题

一、判断题　　1. ×　　2. √　　3. √　　4. ×　　5. ×

二、填空题　　1. 能，不能　　2. 起始，终止　　3. 500，100，向北　　4. 4，4　　5. $\frac{\sqrt{2}}{2}$

三、选择题　　1. B　　2. C　　3. D　　4. D　　5. B

四、计算题　　4s，160m

第 二 章

练 习 题

第一节　1. ×　　2. ×　　3. 大小，方向，作用点　　4. 方向，大小　　5. 推，20

第二节　1. ×　　2. √　　3. ×　　4. √　　5. √　　6. 重，支持，地球，桌面　　7. 5.0×10²，10

8.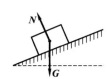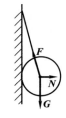

第三节　1. √　　2. ×　　3. ×　　4. ×　　5. √　　6. 3，3.5

第四节　1. √　　2. √　　3. √　　4. ×　　5. B　　6. D　　7. 25　　8. 0　　9. 20，0

第五节　1. ×　　2. √　　3. $mg\sin\theta$，$mg\cos\theta$　　4. $F\cos\theta$，$F\sin\theta$

第六节　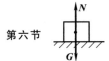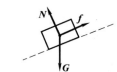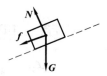

第七节　1. √　　2. ×　　3. ×　　4. A　　5. 5，竖直向下　　6. $\dfrac{G}{\cos\theta}$，$G\tan\theta$　　7. C

*第八节　1.（1）15，（2）0，（3）7.5　　2. B，C

自 测 题

一、判断题　　1. √　　2. √　　3. ×　　4. √　　5. ×

二、填空题　　1. 17，0　　2. 保持静止，做匀速直线运动，合力为零

3. 10，0.2，10，竖直向上　　*4. 合力矩为零

三、选择题　　1. B　　2. C　　3. A　　4. D　　5. A

四、计算题　　1. 60N，104N　　2. 重力：$G=mg$，支持力：$N=mg\cos\alpha$，摩擦力：$f=mg\sin\alpha$，动摩擦因数 $\mu=\tan\alpha$

第 三 章

练 习 题

第一节　1. ×　　2. ×　　3. ×　　4. 保持静止或匀速直线运动状态，外力　　5. 静止或匀速直线运动，惯性，惯性　　6. D　　7. B　　8. 0.4　　*9. 15.7N

第二节　1. A　　2. C　　3. A　　4. 6N　　5. 9.2×10^6N

第三节　1. ×　　2. ×　　3. √　　4. D　　5. B

第四节　1. B　　2. C　　3. A　　4. A　　5. D　　6. 1.0m/s²　　7. 1.5m　　8. 5.5m/s
9. 147N，49N

第五节　1. ×　　2. √　　3. ×　　4. √　　5. √

*第六节　1. ×　　2. √　　3. ×　　4. 3600，1.74×10^{-3}　　5. 重力，桌面的支持力，绳的拉力，长，短　　6. C　　7. D　　8. A　　9. 7.1m/s

*第七节　1. 2.5×10^3　　2. $\dfrac{\sqrt{6}}{3}v_0$　　3. C　　4. C　　5. $\left(\dfrac{R}{r}\right)^3\times\left(\dfrac{t}{T}\right)^2$

自 测 题

一、判断题　1. √　2. ×　3. ×　*4. √　*5. ×

二、填空题　1. 重力、支持力；重力、支持力、静摩擦力　2. 向左，10N　3. 减小，增大，增大　*4. 0.5，$\dfrac{\pi}{3}$

三、选择题　1. D　2. C　3. D　*4. B　*5. D

四、计算题　1. 2.0m/s², 20N, 0.10　2. 58m

第 四 章

练 习 题

第一节　1. ×　2. √　3. D　4. B　5. 1.0×10^5, -1.0×10^5, 1.0×10^5　6. 9.6×10^2, 9.6×10^2, 0　7. 5.0×10^2J, -3.0×10^2J, 1.2×10^2J

第二节　1. 1.0×10^3, 0　2. C　3. C　4. 3.7×10^4W

第三节　1. √　2. ×　3. ×　4. 3.0×10^3　5. 20　6. C　7. B　8. 5.5×10^2N　9. 14m/s

第四节　1. ×　2. √　3. -2.0×10^5, 2.0×10^5　4. 40　5. 5.0×10^2, -5.0×10^2　6. C　7. A　8. 0, -50J　9. 10J

第五节　1. √　2. ×　3. D　4. D　5. 28m/s

自 测 题

一、判断题　*1. √　2. √　3. ×　4. √　5. ×

二、填空题　1. 50, -15, 15　2. 1.4×10^2, -60, 2.0×10^2

三、选择题　1. C　2. B　3. A　4. D　5. D

四、计算题

1. 2.5×10^3J, 5.0×10^2J　2. 4.2m/s

*第 五 章

练 习 题

第一节　1. ×　2. ×　3. √　4. 0.10, 0.40, 2.0, 0.50　5. $T=2T_0$　6. 小，大，大，小　7. B　8. D　9. 4.4s, 0.23Hz

第二节　1. 2:1, 1:16　2. 2.5　3. C　4. D　5. 0.994m

第三节　1. 策动力，固有　2. 策动力的频率等于物体的固有频率　3. 3.35×10^6N/m

第四节　1. ×　2. √　3. ×　4. D

第五节　1. A　2. 1935　3. 1.00, 1.02×10^3, 3.40×10^2　4. 1.00m

自 测 题

一、判断题　　1. ×　　2. √　　3. ×　　4. √　　5. ×

二、填空题　　1. 不变　　2. 4∶9　　3. 回复力，加速度　　4. 机械振动在弹性介质中的传播

三、选择题　　1. C　　2. A　　3. A　　4. D　　5. D

四、计算题　　1. 0.40N/m　　2. 0.5m

第 六 章

练 习 题

第一节　1. √　　2. √　　3. ×　　4. ×

第二节　1. ×　　2. C　　3. 1.8×10^{-8}　　4. 3.6×10^{-2}N　　5. 1.4×10^{-19}N，引力；斥力

第三节　1. ×　　2. ×　　3. √　　4. A　　5. C　　6. A　　7. 7.0×10^{4}，7.8×10^{-8}

8. 1.8×10^{5}N/C，2.8×10^{-2}N

第四节　1. ×　　2. √　　3. √　　4. D　　5. B

第五节　1. ×　　2. √　　3. 100V，100V/m，60V，-9.6×10^{-18}J

*第六节　1. √　　2. √　　3. B　　4. 2.0×10^{-6}，0　　5. 负

第七节　1. ×　　2. √　　3. ×　　4. C　　5. D　　6. C　　7. 2×10^{-8}C，50V

自 测 题

一、判断题　　1. ×　　2. √　　3. √　　*4. ×　　5. √

二、填空题　　1. $\frac{1}{n}$，1，1　　2. 4.0，竖直向上　　3. B　　4. 200，-1.0×10^{-6}

三、选择题　　1. C　　2. C　　3. A　　4. C　　5. D

四、计算题　　3.0×10^{4}V/m，60V，6.0×10^{-6}J，减少了 6.0×10^{-6}J

第 七 章

练 习 题

第一节　1. √　　2. √　　3. √　　4. 0.5A　　5. 6.25×10^{15} 个

第二节　1. ×　　2. ×　　3. ×　　4. √　　5. A　　6. 5V　　7. $9.8\times10^{2}\Omega$

第三节　1. 220　　*2. 0，1.5，2　　3. 1400Ω

第四节　1. ×　　2. √　　*3. C　　4. C　　5. 9.6W，2.4W　　6. 60W，80Ω

第五节　1. √　　2. √　　3. √　　4. D　　5. B　　6. 1∶1∶4　　7. 0.2Ω　　*8. 18.8V，20V，7Ω

*第六节　1. D　　2. 2.15V　　3. 19.1Ω，0.3A　　4. 1A，2.8Ω

自 测 题

一、判断题　　1. √　　2. √　　3. ×　　4. √　　5. ×

二、填空题　　1. 4，10　　2. 1∶8　　3. 并，3　　4. 1∶1，2∶1，4∶1　　*5. 6.0，0.8，1.5，0.05

三、选择题　　1. C　　2. B　　3. C　　4. A　　5. C

四、计算题　　1. 10Ω　　2. 30Ω，1.2W

第 八 章

练 习 题

第一节　1. 磁性，磁性最强，N，S　　2. 同名磁极相互排斥，异名磁极相互吸引　　3. 磁场　　4. N极　　5. 切线方向

第二节　1. 奥斯特　　2. 电流方向，电流方向　　3. 负，左，右　　4. B　　5. C

第三节　1. ×　　2. ×　　3. √　　4. √　　5. 0.20T　　6. 0.20Wb/m²

第四节　1. ×　　2. ×　　3. √　　4. D　　5. D　　6. 8.0×10^{-2} kg

第五节　1. √　　2. ×　　3. √　　4. ×　　5. √　　6. ×　　7. D　　*8. D

自 测 题

一、判断题　　1. ×　　2. √　　3. √　　4. ×　　5. ×

二、填空题　　1. 2×10^{-2}，0　　2. 垂直于纸面向外　　3. 负电，不带电，正电

三、选择题　　1. B　　2. C　　3. A　　4. D　　5. B

四、计算题　　*1. 竖直向下，4T　　2. 1×10^{-3} T

第 九 章

练 习 题

第一节　1. ×　　2. ×　　3. ×　　4. D　　5. D

第二节　1. ×　　2. ×　　3. √　　4. √　　5. C　　6. B　　7. D

第三节　1. ×　　2. ×　　3. √　　4. √　　5. 8.0×10^{-2}，0　　*6. 0.40V，4.0×10^{-2} A，垂直于纸面向里

第四节　1. ×　　2. √　　3. 闭合　　4. D

第五节　1. ×　　2. √　　3. √　　4. ×　　5. 引起自感电动势的原电流　　6. 向左　　7. 8.0×10^2 V

自 测 题

一、判断题　　1. √　　2. ×　　3. √　　4. ×　　5. √

二、填空题　　1. 0.2，0.2　　2. 有，没有，有

三、选择题　　1. B　　2. C　　3. D　　4. A

四、计算题　　1. 10V　　2. 0.2V，0.1A，由a到b

练习题和自测题参考答案

第 十 章

练 习 题

第一节　1. ×，×，√，√　2. C　3. 线圈经过中性面前后电流方向发生变化；当线圈转到与图示位置垂直时，即与中性面重合时，线圈中没有电流；当线圈转到图示位置时，即与中性面垂直时，电流最大。

第二节　1. 0.02，51　2. 0.5，311　3. $10\sqrt{2}\sin 200\pi t$，10，$1.0×10^3$　4. D　5. C　6. B

第三节　1. $\dfrac{U_1}{U_2}=\dfrac{N_1}{N_2}$，$\dfrac{I_1}{I_2}=\dfrac{N_2}{N_1}$　2. 550　3. B　4. B　5. 880Ω

自 测 题

一、判断题　1. √　2. √　3. ×　*4. √　5. ×

二、填空题　1. 4，2.83，0.04，25，$4\sin 50\pi t$　2. 5，5

三、选择题　1. A　2. B　3. D　*4. C

四、计算题　1. 7.1V　2. 216匝，7.2A，44A

第 十 一 章

练 习 题

第一节　1. ×　2. √　3. D　4. 排斥力

第二节　1. √　2. ×　3. ×　4. ×　5. 改变物体的内能上　6. $4.2×10^2$　7. C

第三节　1. ×　2. ×　3. ×　4. D　5. D　6. 外界对空气做功，$1.6×10^5$J

第四节　1. √　2. ×　3. ×　4. C　5. 790J，210J

自 测 题

一、判断题　1. ×　2. √　3. √　4. √　5. ×

二、填空题　1. 分子之间有空隙　2. 高，组成物质的分子总在不停地做无规则运动　3. 相互作用力　4. 温度，体积

三、选择题　1. D　2. D　3. B　4. A

四、计算题　1. 气体对外界散热，$4.0×10^2$J　2. 900J

*第 十 二 章

练 习 题

第一节　1. √　2. √　3. √　4. 体积、压强、温度　5. 310　6. $2.0×10^5$

第二节　1. 1.27　2. C　3. 75cmHg

第三节　1. 1.9×10^3 L　2. 9.0×10^2 K

自 测 题

一、判断题　1. √　2. ×　3. √　4. ×　5. √

二、填空题　1. 热力学温度，$\frac{1}{4}$，4　2. 0

三、选择题　1. C　2. A　3. A　4. D

四、计算题　1. 76cmHg　2. 375K

参 考 文 献

［1］ 林树和，张世忠. 物理习题册. 2版. 济南：山东教育出版社，1997.
［2］ 朱国祥，等. 中学物理解题大全：力学卷. 上海：上海科学技术出版社，1989.
［3］ 王祖善，等. 中学物理解题大全：热学・电学卷. 上海：科学技术出版社，1990.
［4］ 刘千捷. 同步导学与测试　高三物理（全学年）. 北京：中国石化出版社，1999.
［5］ 张同徇. 高中物理总复习　高中物理第三册. 长春：吉林人民出版社，2001.
［6］ 山东省教学研究室. 高中物理习题集. 济南：山东教育出版社，2002.
［7］ 郭念田，陈文娟. 物理. 北京：生活・读书・新知三联书店，2003.
［8］ 任志鸿. 高中同步测控优化训练：物理. 海口：南方出版社，2007.
［9］ 荣泉. 中华第一考：物理. 济南：山东省地图出版社. 2007.
［10］ 人民教育出版社课程教材研究所，物理课程教材研究开发中心. 物理. 北京：人民教育出版社. 2019.